Autor

Gerd Rettig

Er wurde am 12.12.1967 in Bremen als Sohn eines Schrift-
leiters und einer Hausfrau geboren. Nach dem Hauptschul-
abschluss, absolvierte er eine handwerkliche Ausbildung
zum Gas- und Wasserinstallateur sowie zum Klempner.
Nach der Gesellenprüfung, begann er seinen Zivildienst
und besuchte parallel die Abendrealschule. Danach schloss
er das Fachabitur für Architektur ab. Nach dem begonne-
nen Studium des Bauingenieurwesens, fing er als Bautech-
niker im öffentlichen Dienst an. Im Abendstudium schloss er
die Ausbildung zum technischen Betriebswirt (HWK) ab.
Parallel arbeitete er als Baubezirksleiter im Bauordnungs-
amt Bremen. Nach einem Aufenthalt von 18 Monaten in
Brasilien, arbeitete er wieder in Deutschland für kurze Zeit
in derselben Behörde – danach entschloss er sich, einen
Job in der freien Wirtschaft als Bauleiter, bzw. Projektleiter
zu beginnen. In Brasilien begann er bereits, die dort ge-
machten Erlebnisse, niederzuschreiben.

VOM ROLAND ZUM CHRISTO UND ZURÜCK

Ein Erlebnisbericht über einen Aufenthalt von 18 Monaten in Brasilien.

Herstellung und Verlag:
Books on Demand GmbH, Norderstedt.

ISBN-13: 9783837066623

Bibliografische Information der Deutschen Nationalbibliothek: Die Deutsche Nationalbibliothek verzeichnet diese Publikation in der Deutschen Nationalbibliografie; detaillierte bibliografische Daten sind im Internet über http://dnb.d-nb.de abrufbar.

Inhaltsverzeichnis: Seite

1. Einleitung:

Eine Frau kam im April 1998 in mein Leben, die eigentlich nur auf der Durchreise war. Ihr Aufenthalt in Deutschland sollte sich bis Mai 1998 beschränken, da sie in der bekannten brasilianischen Kneipe "CARNAVAL" in Bremen, nur aushelfen sollte – dieses Lokal wurde 1994 von ihrer Schwester Waleska eröffnet und schlug ein, wie eine Bombe. Es wurde zu einem der bekanntesten In-Läden Bremens – man musste dabei auch bedenken, dass es zu dieser Zeit quasi keine brasilianische Gastronomie in Bremen gab. Also bat Waleska 1997, aufgrund ihrer Schwangerschaft, ihre Schwester Melissa aus Brasilien, die Kneipe für diese Zeit, weiter zu führen. Dieses Carnaval kannte ich natürlich auch sehr gut, da ich Bremens Lokalitäten ausgiebig besucht hatte – ich war 6 Tage die Woche unterwegs – lediglich am Montag blieb ich Zuhause, da alle interessanten Treffpunkte an diesem Tag, geschlossen oder mäßig besucht waren. Waleska kannte ich übrigens bereits vom sehen her – sie hatte einen Po, den nur eine Brasilianerin haben konnte – somit fiel sie in Bremen optisch sehr auf. Auch war sie immer unheimlich nett zu allen Gästen, ebenso zu mir – eine Freundlichkeit, die wir aus Deutschland nicht unbedingt kannten. Wer noch nie in Brasilien war, würde dieses Verhalten für ein Unikat halten. Die brasilianische Szene war zu dieser Zeit ebenfalls noch sehr klein. Über einen Freund, der auch mit einer Brasilianerin liiert war, verabredete ich mich im April 1998 dann mit Melissa sowie meinem Freund und deren brasilianischen Freundin, in der Diskothek "STUBU" in Bremen zum Kennenlernen. Als ich dann Melissa sah, wusste ich, dass wir zusammen bleiben würden. Ich sagte bereits am ersten Abend zu ihr, dass ich sie heiraten würde – sie hielt es an diesem Abend wohl noch für einen Scherz – zumal sie noch mit einem Brasilianer, einem Piloten, verheiratet war und fest geplant hatte, in vier Wochen wieder nach Brasilien zurück zu ihm zu kehren. Diesem Plan machte ich einen "Strich durch die Rechnung", da wir uns nicht mehr trennen konnten – es war beidseitige Liebe auf dem ersten Blick. So kam es dann auch, dass Melissa bereits im Dezember 1998 Schwanger wurde und sich im März 1999 von ihrem Mann scheiden ließ – sie flog dafür extra nach Brasilien. Im Juni desselben Jahres, heirateten wir dann auch – unser Mädchen mit dem wunderschönen Namen Maísa, kam am 28.09.1999 zur Welt. Nun war ich familiär bereits mit Brasilien vereint, da unsere Tochter zur einen Hälfte Brasilianerin und zur anderen Hälfte Deutsche war. Mein Wunschgedanke Brasilien kennen lernen zu wollen, begann aber erst zwei Jahre später.

2. Erster Urlaub in Brasilien:

Wir verbrachten unseren ersten gemeinsamen Urlaub in Vitória (Espírito Santo), Porto Seguro (Bahia) und in Guarapari (Espírito Santo). Da Maísa noch sehr klein war (1 ½ Jahre), waren unsere Urlaubsziele ein wenig auf die üblichen Strandorte beschränkt – das war mit Kindern eben doch einfacher. Außerdem waren wir hauptsächlich in Brasilien, um die Familie meiner Frau in Vitória zu besuchen. Im März 2002 wurde dann unser Sohn Tiago geboren – somit folgten 2003 und 2005 Urlaube, die dem von 2001 quasi glichen – es ging wieder hauptsächlich darum, die Familie meiner Frau zu besuchen. Ich merkte zunehmend, dass Melissa ihre Verwandtschaft in Brasilien sehr vermisste – ich fing an mich mit dem Gedanken zu befassen, nach Brasilien auszuwandern. Somit kauften wir 2005 in Guarapari (Espírito Santo) eine kleine Wohnung mitten im Zentrum – damit investierten wir ein wenig Geld für eine eventuelle Zukunft in Brasilien. Das Appartement wurde in der

Hauptsaison vermietet – somit konnten die Betriebskosten für das ganze Jahr, von diesem Geld, bezahlt werden. Die übrige Zeit des Jahres, nutzte Melissas Mama die Wohnung für Kurzurlaube. Noch anzumerken ist, dass die Stadt Guarapari ein beliebtes Urlaubsziel direkt am Meer war.

3. Vorbereitungen für das geplante Auswandern:

Ab 2005 plante ich dann konkret das Auswandern nach Brasilien, da mir ebenfalls das Land und die Menschen sehr gefielen – darauf werde ich aber später noch detaillierter eingehen. Da dieser Schritt natürlich gut überlegt sein musste, wurde die Umsetzung dieser Idee, 1 ½ Jahre von mir und Melissa gut vorbereitet – zuerst ging es darum, wie ich meinen sicheren Job im gehobenen öffentlichen Dienst, trotz meiner Auswanderungsabsichten, behalten könnte. Nach Recherchen im Internet, fand ich dann die Lösung für mein "Problem" – das Lösungswort hieß Sonderurlaub. Somit setze ich mich im Januar 2006 an meinen Schreibtisch und stellte bei der Behörde in Bremen einen Antrag auf Sonderurlaub ohne Bezüge, für 5 Jahre. Im April 2006 bekam ich dann die positive Nachricht von meinem Arbeitgeber, dass mein Sonderurlaub vom 01.11.2006 bis zum 31.10.2011, bewilligt wurde. Parallel gab es da noch einen "Bremsklotz" für das geplante Auswandern – wir mussten unser vor sieben Jahren erworbenes Haus, wieder verkaufen – und die Kreditlaufzeit von zehn Jahren, war noch nicht abgelaufen – das hieß somit, Vorfälligkeitsentschädigung an die Bank zahlen, bei vorzeitiger Kündigung des Kredites – glücklicherweise konnten wir das Haus trotz der schlechten Marktsituation zu dieser Zeit, im Juli 2006 für einen guten Preis verkaufen und somit die Vorfälligkeitsentschädigung der Bank, recht gut verschmerzen – wir hatten ja auch schon sieben Jahre abgezahlt – jenes machte sich bei der

Schlussberechnung der Bank, natürlich auch positiv bemerkbar. Somit waren zwei große Schritte erledigt. Drei Monate vor der geplanten Auswanderung, erstellte ich eine Blog-Seite – mein Gedanke war, zirka wöchentlich aus Brasilien zu berichten. Somit musste ich nicht alle Familienmitglieder sowie Freunde, per Mail oder Telefon informieren. Da die Leser des Blogs auch Kommentare schreiben konnten, erhielt ich eine Anfrage von einer Filmproduktionsfirma – die sollten im Auftrag für einen großen Privatsender eine Familie finden, die auswandern würde. Auf die Anfrage antwortete ich positiv und so kam eine Redakteurin bei uns vorbei, um ein Vorgespräch zu führen – dabei nahm sie uns auch per Video auf. Unsere Familie wurde dem Sender vorgestellt und wir schafften es, unter die letzten drei Vorschläge zu kommen. Letztendlich wurde dann aber doch eine andere Familie ausgewählt – hätte uns aber sicherlich auch Freude bereitet, an einen Film als Darsteller mitzuwirken. In den Jahren 2001 und 2004, hatte ich bereits Portugiesischkurse belegt, damit ich in den Urlauben ein wenig mit der Familie und den Menschen in Brasilien kommunizieren konnte. Viel gebracht, haben diese Kurse allerdings in der Realität vor Ort auch nicht, da wir ja nur immer für vier Wochen dort waren. Somit besorgte ich mir übers Internet ein Lernprogramm für meinen Laptop – ich fing an, die Sprache mit Hilfe dieses Programms, zu vertiefen. Nun stand da noch die große Frage im Raum, wie verdienen wir unser Geld in Brasilien. Bei unseren Urlauben fiel mir jedes Mal auf, dass es keine Gyrosläden in Vitória sowie Guarapari gab. Wir sammelten somit alle Informationen für solch einen Laden – auch besuchte ich für zwei Tage einen Freund bei uns in Bremen, der einen Gyrosladen betrieb, um ihm über die "Schulter zu gucken". Ich notierte mir alle Rezepte sowie Gerichte – alles wurde auch photographisch festgehalten. Ebenfalls wurde meine Liste mit den zu benötigten Geräten, ergänzt. Das Kapital für die Eröffnung eines kleinen Gyrosladens, hatten wir bereits ebenfalls erspart. Melissa und ich waren fest davon überzeugt, dass so ein Geschäft sicherlich gut "laufen" würde – zumal die Brasilianer gerne Fleisch aßen. Diese Idee verschwand somit bereits in unseren Köpfen. Nun begannen wir auch, die ersten Kartons zu Melissas Mama nach Brasilien zu schicken – es wurden bis zum Ende in Deutschland, siebenundvierzig Stück a` zirka 15,00 kg. Der Transport der Kartons kostete uns fast 4.500,00 Euro – andere Alternativen wären umständlicher und teurer geworden – ich hatte mich umfassend vorab informiert. Alleine die Zollbestimmungen Brasiliens waren erschreckend bürokratisch – auch hätten wir einen Container an einem Tag beladen müssen, jenes wäre ebenfalls stressig gewesen. Die Kartons hingegen konnten wir nach und nach versenden. Das Aussortieren unseres gesamten Haushaltes war somit auch überlegter, als wenn alles an einem Tag entschieden hätte werden müssen. Zum Schluss waren wirklich nur noch Dinge im Haus, die nicht mehr uns gehörten, da die neuen Hauseigentümer quasi alle Möbel übernommen hatten. Ab diesem Zeitpunkt war es auch schon irgendwie nicht mehr unser Zuhause – es fehlten die persönlichen Dinge, wie Bilder, Vasen, Geschirr und andere Dekorationen im Haus. Die Familie und die Freunde in "unserer" Stadt Bremen, waren natürlich von dem Auswanderungsvorhaben nicht unbedingt begeistert, da sie uns ja verloren – die Entfernung von mehr als 10.000 km, trennte doch schon sehr. Trotzdem haben sich alle für uns mitgefreut – es gab so weit mir bekannt war, keine Neider in der Familie oder im Freundeskreis. Bereits im März 2006 hatte ich bei der brasilianischen Botschaft in Berlin, meine Daueraufenthaltsgenehmigung für Brasilien beantragt – ich brauchte für diesen Antrag einige Unterlagen. Hierzu gehörten das Polizeiliche Führungszeugnis, beglaubigte Kopien der Pässe von Melissa und mir, unsere Heiratsurkunde, einen Nachweis durch meine Frau darüber,

7

dass wir in Brasilien finanziell abgesichert waren sowie eine Geburtsurkunde meinerseits. Alle Dokumente mussten natürlich vorab von einem vereidigten Übersetzer in die portugiesische Sprache übersetzt werden – die Botschaft hat dann alle Dokumente nochmals beglaubigt. Das war insgesamt eine teure Angelegenheit – auch musste ich persönlich in Berlin zweimal erscheinen – einmal zum Abgeben der Unterlagen und ein zweites Mal, um den bestätigten Antrag abzuholen. Die eigentliche Aufenthaltsgenehmigung (RNE - Ausweis), würde ich erst nach Meldung bei der Polizei in Brasilien, dort erhalten. In meinem Reisepass wurde ebenfalls eingetragen, dass ich einen Antrag auf Aufenthaltsgenehmigung gestellt habe. Da wir das Haus bereits zum 01.08.2006 verkauften und ich noch bis Ende Oktober 2006 arbeiten musste, flog Melissa mit den Kindern bereits im Juli 2006 nach Brasilien – also drei Monate vor meinem Abflug. Ich blieb die letzen zwei Wochen noch in unserem Haus wohnen – leider musste ich dann auch unseren süßen Pudel namens Chicca an Freunde abgeben, da ein Mitnehmen nach Brasilien zu aufwendig und zu teuer gewesen wäre – wir wollten dem Tier auch nicht einen solchen Stress aussetzen lassen – auch haben wir Chicca bei unseren Freunden lassen können – die besaßen ein Haus mit großem Garten und waren zudem noch super tierlieb – somit fiel es uns nicht ganz so schwer, unseren Hund wegzugeben. Im August 2006 zog ich dann für die letzten drei Monate in eine Zweizimmerwohnung von Freunden – die Wohnung war nur zwei Straßen von unserem ehemaligen Haus entfernt – das war natürlich super, da ich die Gegend Bremens am Werdersee sehr mochte. Auch war ich sehr dankbar darüber, dass mir die Vermieter Edith und Martin eine sehr familiäre Zeit dort schenkten – ich war des Öfteren zum gemeinsamen Frühstück oder Abendessen, eingeladen. Diverse Male durfte ich mir sogar ihr Auto für meine Pakettransporte zur Postfiliale, benutzen. Als kleine

Gegenleistung für die ganze Hilfe, lud ich Beide beim Italiener zum Essen ein. Für den geplanten Aufenthalt in Brasilien brauchte ich nun auch noch zumindest für die Anfangszeit, einen internationalen Führerschein – diesen bekam ich beim zuständigen Stadtamt in Bremen sofort ausgehändigt – ich brauchte lediglich ein Foto. Dieser internationale Führerschein galt für fünf Jahre. Ich wusste natürlich, dass dieser Führerschein für einen Daueraufenthalt seine Gültigkeit verlieren würde. Für die ersten Monate würde er aber allemal ausreichen – besser dieses internationale Dokument als gar keines, dachte ich mir. Nun bereitete ich mich arbeitsmäßig ebenfalls auf meine "Auszeit" vor – wenn ich ehrlich war, plante ich nicht, wieder nach Bremen oder Deutschland zurück zu kehren – somit schloss ich all meine laufenden Verfahren im Bauordnungsrecht so weit wie möglich, ab. Ich arbeitete dort als Bezirksingenieur und musste somit die wichtigsten Bauanträge sowie Negativverfahren abschließen, beziehungsweise an meinen lieben Kollegen übergeben. Dieser Kollege war auch noch bis heute ein sehr wichtiger Mensch und Freund in meinem Leben – wir haben immerhin fast dreizehn Jahre Seite an Seite zusammen gearbeitet. Auch nahm er mich freundlicherweise die letzten drei Monate zu diversen Baustellenterminen mit, da ich meine Mercedes A-Klasse bereits im August 2006 verkaufte. Die letzte Zeit in Deutschland nutzte ich das Fahrrad sowie die Straßenbahn – jenes war zwar neu für mich aber auch eine positive Erfahrung – ich lernte, es geht auch ohne Auto sehr gut. Zumal ich sehr zentral in der Neustadt wohnte und somit nur kurze Wege zur Arbeit sowie zum Zentrum hatte. Melissa wohnte bereits mit unseren beiden Kindern fast drei Monate in unserer kleinen Zweizimmerwohnung in Guarapari – meine Schwiegermama war ebenfalls oft dort und half meiner Frau bei diversen Erledigungen. Diese Wohnung war für die Zukunft natürlich für eine vierköpfige Familie viel zu klein – somit sah sich

Melissa nach einem Haus in Guarapari um. Und als wenn es Zufall oder Glück sein sollte, bot ein Makler meiner Frau ein Haus mit drei Schlafzimmern, zwei Bädern, Wohnzimmer sowie Küche in Guarapari an. In einem abgeschlossenen Arial mit 24 Häusern. Der Kaufpreis war ebenfalls nicht hoch – auch musste das Haus nur renoviert werden, da es erst zwölf Jahre alt war. Nachdem Melissa mir die gefertigten Photos per Mail zusandte, stimmte ich dem Kauf des Hauses sofort zu. Der Kaufvertrag sollte dann aber doch erst nach meiner Ankunft, unterzeichnet werden. Die Wohnung in Guarapari musste natürlich verkauft werden, da das zu kaufende Haus zum großen Teil, davon bezahlt werden sollte. Meine letzten Wochen in Deutschland rannten dann doch recht schnell davon, da ich ja doch noch die eine oder andere Sache, wie Bankkonto, Versicherungen, Verträge und so weiter, kündigen musste. Auch die Verabschiedung von der Familie sowie von den Freunden, war mir natürlich sehr wichtig – somit war ich quasi jeden Tag unterwegs. In den letzten Tage habe ich dann wirklich realisiert, dass ich dieses Land sowie "meine" Stadt Bremen, wohl in den nächsten Jahren nicht wieder sehen würde. Immerhin lebte ich 38 Jahre in Bremen – diese Zeit konnte ich nicht so einfach löschen.

4. Der letzte Tag in Deutschland:

Die letzte Nacht schlief ich dann auch dementsprechend unruhig – es gingen mir halt doch noch sehr viele Erinnerungen durch den Kopf – auch überlegte ich, ob ich auch wirklich an alles gedacht hatte und nicht doch irgendetwas vergessen wurde. Und als wenn sich Bremen von mir nett verabschieden wollte, war der Sommer sowie der Herbst sehr schön – an meinem letzten Tag, der 11.10.2006, hatte sich die Sonne noch bis Abends mit angenehmen Temperaturen gezeigt. Von Freunden wurde ich dann zum Flughafen gebracht – auch war die Familie teilweise dort anwesend, um sich von mir zu verabschieden. Das war schon ein komisches Gefühl, da es ja definitiv für länger war – eine Rückkehr war für die nächsten fünf Jahre nicht geplant – und das war eine recht lange Zeit. Dann hatte ich am Flughafen mein Gepäck abgegeben und ging zum Gate – mein Flieger sollte eigentlich um 19:15 Uhr nach Paris abheben – aufgrund eines Problems mit dem Flugzeug, kam ich erst ca. zweieinhalb Stunden später los – in Paris habe ich dann im Laufschritt das Gate gewechselt, um meinen Flieger nach Rio de Janeiro zu bekommen – hatte gerade noch zeitlich geklappt – ich war der letzte Passagier dieser großen Boing. Die Weiterreise von Paris nach Rio war dann wie immer, sehr lang – fast elf Stunden. Von Rio nach Vitória, mein Zielflughafen, war dann nicht stressig – dauere nur eine Stunde – meine Ankunft war um 13:30 Uhr brasilianischer Ortszeit.

5. Ankunft in Brasilien:

Als ich meine Koffer vom Band des Flughafens in Vitória holte, sah ich schon meine ganze Familie durch die Trennscheibe des Ankunftsbereiches – ich hatte sie ja immerhin drei Monate nicht gesehen. Das Wiedersehen war somit für alle Beteiligten eine große Freude. Maísa und Tiago huschten in den Bereich, der nur für Flugpassagiere erlaubt war, um mich ganz schnell in die Arme zu schließen – das war ein schöner Moment, den ich nie vergessen wollte. Die Temperaturen waren an diesem Tag sehr angenehm – 28° C im Schatten mit leichter Bewölkung. In Deutschland wurde ich mit 15° C verabschiedet – somit ein angenehmer Temperaturunterschied für mich. Auch Melissa, ihre Mama, ihre Schwester, sowie die Freundin Ari mit deren Mann Marcio erschienen am Flughafen, um mich zu begrüßen sowie den Transport meiner Koffer, mit zu unterstützen. Es ging dann mit der Familie sowie den Freunden mit zwei Fahrzeugen, zu Melissas Mama nach Vitória – sie bewohnte dort die untere eigene Haushälfte im Stadtteil Jucutuquara. Der erste Resttag ging dann auch recht schnell zu Ende, da wir viel zu erzählen hatten und ich alle mitgebrachten Geschenke verteilte.

6. Eingewöhnungsphase in Brasilien:

Nun war ich wirklich in Brasilien angekommen – wir hatten so lange auf diesen Moment gewartet. Bei einem Nachbar von Melissas Mama, der Autos verlieh, mieteten wir uns am nächsten Tag für eine Woche einen Fiat Palio, damit wir mobil waren – mit diesem Wagen fuhren wir dann gemeinsam am nächsten Morgen nach Guarapari, da ich gespannt auf unsere kleine Wohnung war. Sie wurde nämlich zwischenzeitlich renoviert sowie eingerichtet. Alleine die Fahrt von Vitória nach Guarapari von 50 km, war wieder beeindruckend, da wir teilweise direkt am Strand entlang fuhren – ein wunderschöner Blick aufs offene Meer. Die brasilianischen Verkehrsschilder waren anfangs wieder sehr ungewohnt, da nicht alle Schilder, Symbole und Schriftzeichen darstellen. Die Durchschnittsgeschwindigkeit der brasilianischen Verkehrsteilnehmer war ebenfalls viel höher, als wir es in Deutschland gewohnt waren – man könnte es auch als Rasen bezeichnen. Unsere Kinder sprachen die letzen drei Monate nur Portugiesisch mit Melissa und deren Familie – somit hatten die Kinder die ersten Tage große Probleme, Sätze auf Deutsch zu formulieren. Tiago hatte die portugiesische Sprache schon so gut erlernt, dass er die deutsche Sprache fast komplett vergessen hatte. Maísa hingegen, fand die deutschen Vokabeln mit meiner Hilfe, recht schnell.

Es hatte sich dann wieder so eingespielt, dass die Kinder mit mir Deutsch sprachen und mit Melissa Portugiesisch – so hatten wir es in Deutschland zuvor auch praktiziert. Ich wollte auf keinen Fall, dass die Kinder die deutsche Sprache vergaßen.

Ein Landkartenausschnitt von Brasilien (Guarapari)

Für mich wäre es natürlich besser gewesen, wenn ich auch nur Portugiesisch gesprochen hätte – dann wäre das Erlernen dieser Sprache, auch einfacher gewesen. Die ersten Tage, beziehungsweise Wochen in Guarapari, waren beeindruckend, verwirrend sowie beängstigend, da mir bewusst wurde, dass ich meine Heimat Deutschland nicht nur für einen vierwöchigen Urlaub, sondern für lange Zeit, verlassen hatte. Dieser Gedanke schmerzte doch mehr, als ich vorher dachte.

Die Abhängigkeit von meiner Frau bei alltäglichen Erledigungen, war für mich die schwierigste Erfahrung – egal, was ich unternahm oder besorgen musste, war ohne Melissas liebe Hilfe, quasi unmöglich. Aus Deutschland war ich es gewohnt, alles selbstständig zu erledigen – und das war für einen achtunddreißigjährigen Mann, eine krasse Umstellung seines Egos. Außerdem war ich eine Person, die gerne organisierte, sowie die Dinge selbst in die Hand nahm. Diese Sprache erschien mir so unendlich schwierig – ich dachte, die wirst du nie erlernen. Somit fing ich auch verstärkt an, die ersten Tage Unmengen von neuen Vokabeln zu lernen – jenes Lernen zeigte mir leider auch, wie viel mir noch an Lernstoff fehlte. Ich versuchte visuell mehr aufzunehmen – anhand von Plakaten oder Schildern, prägte ich mir einige Vokabeln besser ein. Auch wenn das Resultat nicht gleich merkbar war, erinnerte ich mich doch besser an manche Vokabeln mit Hilfe von Bildern oder Symbolen. Parallel nutzten wir natürlich auch täglich das nahe liegende Meer als Ausgleich zur anstrengenden Eingewöhnungsphase. Die Kinder genossen das Baden sowie das Spielen am Strand jedes Mal wieder – da ich ebenfalls ein Sonnenfan war, waren die Strandbesuche natürlich auch für mich sehr schön. Melissa war da eher neutral gegenüber Strandtage eingestellt – sie mochte zwar auch den Strand, jedoch nicht so wie die Kinder und ich. Für uns war es ja auch viel interessanter als für Melissa, da sie bis zum 25 Lebensjahr in Brasilien lebte – somit hatte Melissa die Strände Brasiliens, ausgiebig besucht. Ungewohnt war der ewige Lärm in Brasilien – egal zu welcher Tageszeit, wurde Krach gemacht. Die Fernseher wurden ebenfalls auf eine Lautstärke gestellt, die einer Kinoatmosphäre glich. Es gab auch keine Ruhezeiten, wie in Deutschland – somit konnte es auch gut vorkommen,

Familie Rettig: Melissa, Gerd, Tiago & Maísa.

Strandpromenade in Guarapari (im Zentrum).

dass jemand nachts um 24:00 Uhr mal eben ein bisschen lauter Musik hörte. In der ersten Woche sah ich mir natürlich auch dass von Melissa, reservierte Haus im Stadtteil Praia do Morro (Guarapari) an – es war Liebe auf den ersten Blick. In einer ruhigen abgeschlossenen Wohnanlage mit knapp 8.000,00 m², standen 24 kleine Wohnhäuser, inklusive Garage für jeden Hauseigentümer. Auch war diese Wohnanlage von einem Hausmeister bewohnt - dieser pflegte den Garten und passte darauf auf, dass keine Fremden oder Einbrecher, die Wohnanlage betraten. Ebenfalls wurde das gesamte Areal von einem elektrischem Zaun geschützt. Laut Hausmeister, hatte es seit Entstehung der Wohnanlage, vor zwölf Jahren, bis dato keine Einbrüche gegeben. Jene Aussage war in Brasilien nicht ganz unwichtig, da Einbrüche zur Tagesordnung in Brasilien gehörten – somit erfreute es jeden Hauserwerber, wenn er solch eine Auskunft erhielt. Nachdem wir das Haus dann erwarben, mussten wir noch unsere Wohnung im Zentrum verkaufen, da wir das Geld für den Kauf des Hauses, brauchten. Und tatsächlich fand sich ein Käufer, der unsere Wohnung kaufte – wir machten sogar Gewinn, durch den Verkauf der Wohnung. Nun konnten wir auch beruhigt unser kleines Traumhaus kaufen. Die Formalitäten wollten wir erst ein bis zwei Wochen später erledigen, da wir nach Vitória fahren wollten, um vorab ein gebrauchtes Auto zu kaufen – das Mieten eines Wagens, wäre auf die Dauer auch zu teuer geworden.

7. Unser erstes Auto in Brasilien:

Nachdem uns ein Freund von Melissa in Vitória beim Suchen nach einem Fahrzeug behilflich war, fanden wir einen sehr gut erhaltenen VW Gol (nicht Golf) in Silber – der war für sein Alter von sechs Jahren, noch sehr gut erhalten –

kostete uns aber auch mal eben 18.000,00 Reais. Gebrauchtwagen waren in Brasilien viel teurer als in Deutschland, da die Kosten für eine Finanzierung für Neuwagen, sehr hoch waren – der Zinssatz lag bei zirka 12 – 16 % im Jahr. Als wir dann die erste Fahrt mit unserem "neuen" Gebrauchten nach Guarapari antraten, geschah Unglaubliches. Der Wagen hatte erst 52.000,00 km auf dem Tacho – somit nicht allzu viel. Wir waren also unterwegs auf der Autobahn, da reduzierte der Wagen auf einmal seine Geschwindigkeit und blieb stehen. Keinen Ton mehr gab er von sich – nicht einmal der Anlasser ließ sich mehr beim Starten drehen. Ich erahnte Böses – glücklicherweise kam der Abschleppdienst vorbei und brachte uns kostenlos zum nächsten Ort. Da riefen wir auch den Autohändler an und baten um Unterstützung. Der setze sich dann auch sofort mit einem Gehilfen ins Auto und kam zu uns. Er dachte, es wäre nur die Batterie – ich hingegen sagte ihm, dass die Öllampe vor dem Stillstand leuchtete und ich somit annahm, dass es eine Art Kolbenfresser war. Der Autohändler war aber noch voller Hoffnung und sicherte uns zu, dass er alles reparieren lassen würde – es war ihm natürlich unangenehm, dass wir den Wagen über einen Freund von Melissa gekauft hatten. Der Wagen verschwand dann für zirka eine Woche in der Werkstatt – die "kleinen" Reparaturkosten beliefen sich laut Rechnung auf 3.000,00 Reais – es war wirklich ein Kolbenfresser, wie ich zuvor vermutete. Für die Werkstattzeit erhielten wir dann einen anderen Wagen von dem Autoverkäufer. Für diesen Zwischenfall konnte er ja auch nichts – so etwas konnte eben passieren, wenn man einen Gebrauchtwagen kaufte. Nachdem wir dann das Auto von der Werkstatt abholten war mir klar, dass ich mit diesem Wagen nicht die nächsten Jahre verbringen wollte, da so ein Vorfall immer im Hinterkopf blieb – wir planten ungern weiter entfernte Touren, da es ja wieder passieren hätte können. An das Sortiment eines Frühstücktisches konnte ich mich nie gewöhnen – es gab keine leckeren Brötchen zu kaufen. Marmelade war unverschämt teuer und viel zu süß. Die Auswahl an Aufschnitt begrenzte sich auch mehr oder weniger auf geräucherte Mortadella, die aber sehr lecker schmeckte. Andere Aufschnitte, wie Mettwurst waren fast unerschwinglich. Ein kleines Stück Gaudakäse war quasi ein Vermögen wert. Milch konnte ich nicht frisch erwerben – somit kaufte ich im Tetrapack – eine dünne Plörre ohne jeglichen Milchgeschmack – ebenfalls unverhältnismäßig teuer. Wenn man diese Produkte aus Deutschland gewohnt war, fiel es schon schwer, darauf zu verzichten. Günstig und lecker war hingegen eine Art Feta-Käse – er war nur weicher und nicht ganz so intensiv im Geschmack – auch war dieser Käse nicht so trocken. Auf das geliebte Nutella aus Deutschland, wollten die Kinder sowie ich, nicht verzichten. Dieser Luxusartikel war einer der weinigen Dinge, die wir uns bis zum letzen Tag in Brasilien, leisteten. Interessant war auch die Art der Kaffeezubereitung – in Deutschland war es sehr normal, eine elektrische Kaffeemaschine zu benutzen – in Brasilien hingegen, besaß kaum jemand, diese. Somit kochten wir täglich Wasser auf und brühten den Kaffee mit Hilfe eines Filters von Melitta, auf. Und ich musste gestehen, der Kaffee schmeckte mir sehr gut – die Brasilianer tranken ihn lediglich viel zu süß. Auf eine Thermoskanne mit ca. 750 cl, kamen mindestens ein voller Becher Zucker hinzu – mehr muss ich dazu wohl nicht schreiben. Ebenfalls war der Nachtisch zu süß – es war schwierig, etwas einigermaßen nicht übersüßtes Leckeres in einer Vitrine, zu finden. Ganz besonders lecker waren aber die zahlreichen frischen Obstarten – ein Apfel, eine Melone, eine Apfelsine oder anderes Obst, schmeckte so köstlich nach Frucht, dass der tägliche Verzehr, unverzichtbar war. Was ich bis zum Schluss allerdings nicht verstanden habe, dass die Brasilianer jeden Tag und ich meine wirklich jeden Tag, Reis mit Bohnen aßen – das war ein

Nationalgericht in Brasilien. Für meinen Geschmack kamen die Salate leider viel zu kurz – war unheimlich schwierig, in einem Restaurant einen leckern gemischten Salat zu bestellen. Das Wort Dressing gab es in Brasilien nicht – es wurde lediglich Öl, Essig, Salz sowie ein scharfes Peperonigewürz serviert.

8. Lebensqualität in Brasilien:

Ab Ende Oktober wurde dann unser erworbenes Haus von Innen renoviert – alle Räume wurden gestrichen. Die Außenfassade wollte ich später selbst streichen, da es für einen schnellen Einzug, nicht gleich notwendig war. Wir packten unsere "sieben Sachen" aus der Wohnung und zogen dann Anfang November 2006 in unser Haus. Wir haben uns dort so dermaßen wohl gefühlt und konnten uns gar mehr nicht vorstellen, dieses Domizil irgendwann einmal zu verlassen. Die ersten Wochen vergingen dann auch recht schnell, da wir mit Möbelkauf, Telefonanschluss und anderen diversen Dingen beschäftigt waren. Wenn ich abends oder nachts mit Melissa oder Bekannten unterwegs war, hat es mich jedes Mal Überwindung gekostet, die roten Ampeln quasi zu ignorieren. In Brasilien war es aufgrund der Kriminalität auf den Straßen erlaubt, ab 22:00 Uhr rote Ampelanlagen zu passieren. Es war einfach zu gefährlich nachts stehen zu bleiben, da es viele Überfälle an Ampelkreuzungen in der Vergangenheit gab – da stand dann auf einmal ein Typ mit seiner Pistole an der Autotür und verlangte, wenn man Glück hatte, nur das Bargeld der Fahrzeuginsassen. Nicht allzu selten, wurden bei solchen Überfällen auch Personen getötet. Eine beliebte Vorgangsweise der Banditen war auch die Begleitung der Insassen zum nächsten Geldautomat – da mussten dann so einige Überfallene Ihre Konten minimieren. Mittlerweile konnte man an fast allen Automaten nach 22:00 Uhr, nur noch maximal 100,00 Reais (~ 40,00 Euro) abheben. Das war ebenfalls ein Schritt der Regierung, gegen diese extreme Kriminalität. Es gab aber auch einige Fälle, wo die Geschädigten dann bis zum nächsten Morgen festgehalten wurden – zu den normalen Geschäftszeiten sollte dann mehr von den Entführten abgeholt werden. Diese Hintergründe zu erfahren, erschrak natürlich jeden Ausländer in Brasilien – es lag einfach an der extremen hohen Zahl der armen Menschen in Brasilien. Auf dieses Thema weiter einzugehen, würde allerdings zu sehr von dem Inhalt des Buches abweichen. Über diese Problematik in Brasilien, könnte man ein weiteres Buch schreiben – wer weiß, vielleicht mache ich das irgendwann. Was mir noch besonders auffiel, waren die Benzinpreise – die Preise lagen zu meiner Aufenthaltszeit in Brasilien bei zirka 2,50 Reais pro Liter – das war umgerechnet, fast ein Euro pro Liter. Und das Paradoxe daran war, dass es in Brasilien Unmengen an Erölvorkommnissen gab – sie wurden nur noch nicht ausreichend genug gefördert. Somit kostete eine Tankfüllung locker 110,00 Reais – wenn man bedachte, dass das Mindesteinkommen bei nur 380,00 Reais pro Monat lag, verstand man auch, warum viele Brasilianer kein Auto hatten. Und es arbeiteten eine Menge Menschen für diesen Mindestlohn. Diese Mindestlöhne wurden daher auch oft nur bezahlt, da die meisten Mitarbeiter keine Ausbildung genossen hatten – eine Ausbildung von drei Jahren, wie in Deutschland, gab es dort nicht. Somit gab es sehr, sehr viele Ungelernte und nur weinige Brasilianer, die studiert hatten. Eine mittlere Angestellten- oder Arbeiterschicht gab es somit nicht in Brasilien. Viele besuchten Kurse von zirka sechs Wochen und durften dann zum Beispiel in Werkstätten, Autos eigenständig reparieren. In Deutschland ohne Gesellenbrief, unvorstellbar. Die Studierten verdienten in Brasilien ebenfalls, wie in Europa recht gut. Ich habe keinen Akademiker in Brasilien kennen gelernt, der nicht über ein überdurchschnittliches Einkommen verfügte. Viele nutzten somit den Weg der Selbstständigkeit – einen Mindestlohn von 380,00 Reais mit einem eigenen Laden oder Handwerkerservice zu erzielen, war wesentlich einfacher. Die Reparaturarbeiten an unserem Haus, wurden ebenfalls nach Feierabend erledigt. Ein Handwerker kostete am Tag zirka 40,00 Reais – wenn man das auf einen Monat hochrechnete, kamen bei einer Fünftagewoche, immerhin mindestens 800,00 Reais zusammen – somit locker das Doppelte an Einnahmen, als bei einem Mindestlohnjob. Ein Handwerker in Brasilien besaß nicht automatisch, wie in Deutschland, ein eigenes Auto. Alle Materialen wurden per Fahrrad oder mit Hilfe des Auftragsgebers besorgt. Normal war es auch, dass das Material vom Baugeschäft geliefert wurde – da war es dann auch unrelevant, ob es sich hierbei um eine kleine Lieferung handelte. Der Handwerker brachte sein Werkzeug, soweit ich es als solches betiteln konnte, ebenfalls per Fahrrad in einer Art Plastik-Handtasche mit. Interessant waren auch die Stromverlängerungskabel der Handwerker – es wurden fünf verschiedene Kabel zusammengeklebt – natürlich ohne Lüsternklemme. Ein drittes Erdungskabel zur Sicherheit bei einem Kurzschluss, gab es nicht. Das Duschen war ebenfalls eine ganz neue Erfahrung – es befand sich eine Art Duschkopf mit integriertem Durchlauferhitzer direkt im Duschbereich an der Wand und wurde schlankweg an die Kaltwasserleitung angeschlossen. Einstellungen wie, Sommer, Winter, waren auf dem Duschkopf stets vorhanden.

9. Meine Aufenthaltsgenehmigung:

Zwischenzeitlich waren wir noch einmal bei der Policia Federal in Vitória, um meine Daueraufenthaltsgenehmigung endgültig zu beantragen – dieses musste nämlich innerhalb der ersten neunzig Tage nach Ankunft, geschehen. Ich bekam dort ein provisorisches Dokument mit Farbfoto und Siegel – jenes war für sechs Monate gültig. Danach sollte ich nachfragen, ob der RNE - Ausweis (Daueraufenthaltsgenehmigung) bereits eingetroffen war. Der Sachbearbeiter meinte aber auch zu mir, ich solle mir keine Hoffnung machen, da es im Schnitt zwei Jahre dauern würde, bis der Ausweis einträfe. Es läge daran, dass die Behörde nur 50.000 Stück pro Jahr vertraglich mit einer Druckerei vereinbart hatte – alles was an Anträgen drüber lag, wurde ins nächste Jahr verschoben – toll, dachte ich und verbat mir aber eine Kommentierung. Der Sachbearbeiter konnte ja auch nichts dafür, dass Brasilien solche Verträge zum Nachteil der Antragsteller, abschloss. Es hatte mich lediglich geärgert, dass ich bereits den Ausweis komplett bezahlt hatte – und dieser war recht teuer.

10. Der Alltag begann:

Die Brasilianer waren stets sehr freundlich und aufgeschlossen mir gegenüber – sobald ich in ein Geschäft kam oder Jemanden getroffen habe, hieß es stets: TODO BOM – was soviel hieß wie: Alles OK oder wie geht's Dir. Dabei wurde stets der rechte Daumen nach oben gehalten – wenn man diese Gestik erwiderte sowie antwortete: BEM E VOCE, jenes hieß: Gut und Dir, hatte man bereits einen Bekannten mehr ins Herz geschlossen. Ebenfalls wurde bei jedem Verlassen eines Geschäftes, folgendes mit auf den Weg gegeben: VAI COM DEUS, jenes hieß: Gehe mit Gott.

Der Großteil der Brasilianer war sehr gläubig – in allen Geschäften sowie Lokalitäten hängte ein Jesuskreuz. In jedem von mir besuchten Haushalt, war mindestens eine Bibel vorhanden. Auch gingen die meisten Brasilianer mindestens einmal pro Woche in die Kirche. Es fiel mir auch auf, dass es in Brasilien eine Vielzahl von Kirchen gab – viele wurden aber privat finanziert. Jedes Kirchenmitglied zahlte zirka 10 % seines Gehaltes als monatliche Spende, an die angeschlossene Gemeinde. Das waren die Erlebnisse und Eindrücke der ersten beiden Monate in Brasilien. Im Dezember strich ich dann unser Haus von Außen – es waren doch mehr Risse in den Wänden, als ich dachte. Die ganze Aktion dauerte ungefähr eine Woche – zusätzlich brachte ich im Bereich der Terrasse noch eine Dachrinne an, da bei Regen, diese immer sehr nass wurde. Unsere Idee mit dem Gyrosladen erwies sich als nicht ganz so einfach, da es in Guarapari zwar noch keinen solchen Laden gab, aber es hunderte andere Alternativen gab. Das Hauptproblem war aber, dass diese Touristenstadt nur drei Monate im Jahr boomte – und zwar von Dezember bis Februar. In dieser Zeit war in Brasilien Hochsommer – die Strandstädte waren dann recht überfüllt. Die restlichen neun Monate war es einfach zu ruhig, um ein Restaurant zu führen. Es lebten auch nur 100.000 Menschen in Guarapari – im Sommer hielten sich locker 500.000 Urlauber auf. Auch fanden wir keinen passenden Laden in Guarapari für unser Vorhaben – die Miete wäre ebenfalls im Durchschnitt viel zu hoch gewesen. In zentraler Lage war es ebenfalls schwierig, irgendetwas Passendes zu finden. Somit schoben wir diese Idee erst einmal bei Seite. Nachdem ich nun "schon" sechs Wochen in Brasilien verweilte, suchte ich mehr und mehr im Internet nach einem Job.

Unser Haus in Guarapari (Stadtteil Praia do Morro).

Der Strand in Guarapari (im Zentrum).

Ich wollte unbedingt eine Arbeit finden – somit suchte ich mir zunächst alle deutschen Firmen in Brasilien heraus – ich versandt zirka 80 Bewerbungen – teils per Post, aber die Mehrzahl per E-Mail. Die Resonanz auf meine Bewerbungen, war einfach niederschmetternd. Es hatte sich lediglich eine Firma gemeldet – zu dieser hatte ich bereits in Deutschland Kontakt aufgebaut. Dieses Unternehmen stellte Fenster nach deutschem Standard her – ich sollte den Vertrieb für den Bundesstaat Espírito Santo aufbauen – ich dachte, eine interessante Aufgabe, der ich mich gerne stellen wollte. Ich trat mit der Firma, die sich ganz im Süden Brasiliens befand, in intensiveren Kontakt. Die ganze Sache hatte nur einen großen Nachteil, es gab kein Grundgehalt sondern nur Provision – somit ließ ich dieses Angebot nach reichlicher Überlegung und Rücksprache mit Melissa und Freunden, fallen – es wäre einfach zu riskant und unsicher gewesen. Zumal die Produkte auch noch 30 % teurer waren, als vergleichbare Produkte aus Brasilien. Ich hätte zu viel Geld vorstrecken müssen. Weiterhin lernte ich täglich Portugiesisch und genoss die Strandtage mit der Familie. Dann ergab sich ein Kontakt zu einer deutschen Firma, die spezielle Klimaanlagen für Krankenhäuser auf den brasilianischen Markt bringen wollte – ich wäre dann die Verbindungsperson zwischen der deutschen und der brasilianischen Firma gewesen – auch sollte ich vor Ort die Bauleitung übernehmen – leider ist dann die brasilianische Firma abgesprungen – somit war diese tolle Chance auch vorbei. Ich hatte mich bereits auf diese Aufgabe vorbereitet und reichlich Lektüre aus dem Internet gezogen und gelesen – das war ein harter Rückschlag für mich, da ich diese Aufgabe mit Freude und Engagement übernommen hätte.

11. Abstecher nach Domingo Martins:

In den Monaten November und Dezember unternahmen wir natürlich auch ein paar Ausflüge – der eine Abstecher ging nach Domingo Martins, diese Stadt war zirka 100,00 km von Guarapari entfernt und lag mitten in den Bergen. Diese Stadt wurde durch einige Deutsche geprägt – die Architektur vieler Gebäude erinnerte sehr an Deutschland – allerdings mehr in Richtung Süddeutschland. Leider war das Wetter dort sehr regnerisch – etwa 200 Tage im Jahr regnete es dort – laut Aussage Einheimischer. Als wir dort waren, hatte es übrigens auch geregnet.

12. Weihnachten und Silvester in Brasilien:

Nun stand Weihnachten vor der Tür und wir waren auch in Brasilien reichlich mit vorweihnachtlichen Erledigungen beschäftigt. In Guarapari kannte ich mich bereits sehr gut aus – die Stadt schien mir somit nicht mehr fremd. Aufgrund der angefangenen Sommerzeit, platzte die Stadt auch wirklich aus allen Nähten – egal wo man hin wollte, war es überfüllt. Jenes haben wir bei unseren Urlauben in den Jahren 2003 sowie 2005 gar nicht mitbekommen, da wir im März dort waren – eine super angenehme Jahreszeit für einen Urlaub in Brasilien. Wir verbrachten mit den Neffen von Melissa und deren ganzen Familie Weihnachten 2006 – sogar familiärer Besuch aus Deutschland und Spanien, war angereist. Es war eine ganz neue Erfahrung, Weihnachten bei 32° C im Schatten zu feiern – richtige Weihnachtsstimmung kam dabei nicht so recht auf – war eher so, wie eine Familienfeier mit leckerem Essen sowie vielen Geschenken. Melissas Neffe hatte das Haus aber liebevoll weihnachtlich dekoriert – somit war es für die

Kinder sehr festlich. Nach einer kurzen Erholungspause folgte dann der erste Jahreswechsel in unserer neuen Heimat – die Festlichkeit fand bei Melissas Schwester in Manguinhos statt – diese kleine Stadt lag 50 km nördlich von Vitória direkt am Strand entfernt. Wir feierten relativ ruhig ins neue Jahr hinein – besonders schön war der Blick vom Strand aus auf die Feuerwerkskörper am Himmel. Entlang der Küste, wurde an diversen Orten Silvester gefeiert. Nun hat das Jahr 2007 begonnen und ich nahm mir ganz fest vor, noch intensiver nach einem Job Ausschau zu halten. Parallel fing ich auch an, mehr und mehr in meinem BLOG zu schreiben – alle Erlebnisse sowie Brasilientypisches, wurde in kurzen Berichten mit dazugehörigen Photos, verfasst. Diese Homepage wurde im Durchschnitt von 2.000 Besuchern im Monat besucht – über diese Besucherzahlen hatte ich mich natürlich sehr gefreut. Auch schrieben mich viele Besucher über diese Internetseite per Mail an, um mit mir Kontakt aufzunehmen. Ich lernte dadurch auch Deutsche in Guarapari kennen. Es lebten zirka zwanzig bis dreißig Deutsche laut Konsulat, in Guarapari. Leider waren 90 % der eingewanderten Deutschen über sechzig Jahre alt und genossen ihr Rentenalter – ich hingegen war erst neununddreißig Jahre alt. Meine Zukunftspläne sahen natürlich ganz anders aus – zumal ich auch über keine festen Einkünfte verfügte. Die in Guarapari lebenden deutschen Älteren, waren durch eine Rente abgesichert. Es gab auch ein jüngeres Pärchen, die ein kleines Restaurant mit Mittagstisch im Zentrum betrieben – dieser Deutsche war ebenfalls mit einer Brasilianerin verheiratet. Die Beiden fühlten sich in Guarapari sehr wohl und planten bereits, ein weiteres Restaurant zu eröffnen – deren Vorteil war auf jeden Fall, dass sie noch keine Kinder hatten. Jenes wäre mit einem Restaurant schwer vereinbar gewesen. Viel haben wir mit dem Ehepaar aber nicht unternehmen können, da die Beiden nur sehr wenig Zeit hatten – lediglich der Sonntag stand zur freien Verfügung. Wir hatten noch eine weitere Familie kennengelernt - er war Deutscher und seine Frau, Asiatin – ebenfalls hatte dieses Ehepaar drei süße Mädchen, die oft mit Tiago und Maísa gespielt haben. Mit dem Mann, einem ehemaligen Lehrer, habe ich mich angefreundet – Melissa hat sich ebenfalls mit seiner Frau super gut verstanden. Schade war nur, dass diese gefundene Familie nach Belo Horizonte umziehen wollte – diese Stadt war 550 km von Guarapari entfernt. Ende Januar 2007 zogen sie dann wirklich weg, nachdem sie ihr Haus in Guarapari verkauft hatten und schon ein neues Domizil in Belo Horizonte gefunden hatten. Wir nahmen uns aber ganz fest vor, diese Familie zu besuchen und den Kontakt aufrecht zu erhalten. Nun standen wir ganz ohne freundschaftlichen Kontakt da – brasilianische Familien gab es zwar, aber mir fehlte immer noch das Vokabular, um mich befriedigend unterhalten zu können. Auch fand Melissa irgendwie "keinen Draht" zu den brasilianischen Frauen mehr – die zwölf Jahre in Deutschland und die dazugehörigen festen Freundschaften, waren hier in Brasilien nicht so einfach zu schließen. Solche Freundschaften entstanden natürlich nicht in drei Monaten – jenes wussten wir auch. Nachdem wir nun ausführlich die Familie in Brasilien besucht hatten, wurde mir nach dreieinhalb Monaten ohne Arbeit, beziehungsweise ohne eine richtige Aufgabe, doch schon von Zeit zu Zeit sehr langweilig. Bis dato hatte ich noch gar nicht über die Straßen in Brasilien berichtet – es gab zwei Varianten. Die eine Variante bezog sich auf die Asphaltstraßen, welche sich zu 90 % in einem miserablen Zustand befanden. Die andere Variante beschrieb die Straßen ohne jeglichen Belag – es war einfach verdichteter Sand oder so. Wenn es regnete, waren die Sandstraßen an etlichen Stellen mit riesigen Wasserpfützen übersät. In so einer Straße wohnten wir übrigens ebenfalls. Es war in Brasilien auch ziemlich normal, dass lediglich die Hauptstraßen asphaltiert waren. Fuß- oder

Radwege gab es ebenfalls nur sehr selten – es sei denn, eine neue Straße wurde erstellt. Amüsant fand ich ebenfalls die Sanierung unserer Wohnstraße – lediglich glättete ein Bagger die Oberfläche ein wenig aus und das war es dann auch schon. Die ganze Aktion dauerte nur zwei Stunden.

Idyllischer Strand von Manguinhos (Espírito Santo).

Die Autofahrer hatten auch keinen Respekt vor den schwächeren Verkehrsteilnehmern. Zebrastreifen wurden unsererseits nie überquert, wenn sich ein Auto näherte – jenes hat den Hintergrund, dass einfach kein PKW oder Motorradfahrer hielt. Die Fahrradfahrer befuhren die Straßen ebenfalls in alle Richtungen – oftmals habe ich gedacht, wie kann man als schwächerer Verkehrsteilnehmer, so dermaßen lebensmüde sein. Die überquerten die Straßen, ohne nach links oder rechts zu schauen. Die Stoppschilder an den gefährlichen Straßenkreuzungen in Brasilien hatten ebenfalls keine Bedeutung. Ich habe nicht ein einziges Mal sehen können, dass auch nur ein Fahrzeug anhielt.

Im Hinterland von Guarapari in den Bergen.

Die Polizisten ignorierten dieses Verkehrsschild ebenfalls – habe ich beobachten können. Verkehrsschilder schien eh keiner zu kennen oder kennen zu wollen – in Brasilien fuhr jeder so, wie er fahren wollte – nach dem Motto: Wer zu erst kommt, fährt auch zu erst. Am Gefährlichsten waren aber die etlichen Motorräder auf den Straßen – diese passierten alle freien Lücken zwischen fahrenden und stehenden Autos. Sollte man den Fehler gemacht haben, zu eng zum Nachbarauto gestanden zu haben, konnte es gut vorkommen, dass ein Motorradfahrer den Seitenspiegel des Autos, abriss – teilweise unabsichtlich, aber auch absichtlich.

13. Erster Verkehrsunfall in Brasilien:

Da die Motorradfahrer oft an der hinteren Stoßstange meines Wagens klebten, fuhr mir im Januar 2007 ein Motorradfahrer auf, da ich eine Bremsung durchführen musste. Er war mit seinem Vehikel ausgerutscht, hatte sich sein Bein verletzt und zudem großes Glück gehabt, dass kein anderes Fahrzeug entgegen kam – er lag nämlich für einen kurzen Moment auf der Gegenfahrbahn. Ins Krankenhaus wollte er aber nicht, da keine sichtbaren Verletzungen vorhanden waren. Ich ging auch davon aus, dass der Motorradfahrer keine Krankenversicherung hatte. Seine äußere Erscheinung sowie seine Artikulation, waren recht "einfach". Nun ging es uns natürlich auch darum, wie der Schaden an unserem Fahrzeug repariert werden sollte. Auf den Wunsch des Motorradfahrers, riefen wir nicht die Polizei. Er gab auch gleich zu, dass er die Schuld am Unfall hatte. Ich war ebenfalls ganz froh darüber, dass keine Polizei kam, da mein Führerschein rechtlich nicht ganz so einwandfrei in Brasilien war – ich war ja kein Tourist mehr, sondern wohnte fest dort. Somit hätte ich einen brasilianischen Führerschein erwerben müssen. Und darauf hatte ich zu diesem Zeitpunkt überhaupt gar keine Lust – auch hatte ich in Erfahrung gebracht, dass dieser Führerschein mindestens 400,00 Reais gekostet hätte. Wir tauschten dann die Personalien vor Ort aus – Melissa hatte das alles auf Portugiesisch für mich erledigt. Wir vereinbarten, dass wir uns bei einer Werkstatt über die Kosten informieren, sowie ihn anrufen würden. Die Reparatur sollte nach Anfrage bei einer naheliegenden Werkstatt und Lackiererei, 300,00 Reais betragen. Der Unfallgegner bat dann um monatliche Stundung der Reparaturkosten, da er laut seiner Aussage, über wenig Geld verfügte – dem Anliegen stimmten wir natürlich zu. Wir erließen ihm ebenfalls 100,00 Reais des Gesamtbetrages, da er uns sehr Leid tat – ganz aus seiner Schuld wollten wir ihn aber auch nicht entlassen, da er aus seinem Fehlverhalten etwas lernen sollte. Das Auto war dann auch nach zweitägigem Werkstattaufenthalt fertig – von dem Unfallschaden sahen wir nichts mehr.

Materialtransport auf Brasilianisch.

Ich wurde in Brasilien kein einziges Mal von der Polizei kontrolliert, obwohl ich täglich mit dem Auto unterwegs war. Auf die Geschwindigkeitsbegrenzungen achtete ich nach einer Weile ehrlich gesagt auch nicht mehr so richtig – man musste irgendwie in dem Verkehrsfluss bleiben.

Eine typische "Strandbar" in Guarapari.

"Traumfahrrad" in Brasilien (Guarapari).

Wenn ich langsamer gefahren wäre, hätte es etliche gefährliche Situationen gegeben. Ich fuhr natürlich nie übermäßig schnell, so dass es für mich noch vereinbar war. Da sich die hinteren Insassen im Auto in Brasilien, nicht anschnallen mussten, wollten unsere Kinder dies natürlich auch nicht tun. Die erste Zeit bestand ich noch auf das Anschnallen der Kinder im Auto – aber irgendwann verlor ich auch die Geduld, jeden Tag zu predigen. Mein Nachwuchs meinte zu mir, die Kinder aus der Schule sowie ihre Nichten, müssten sich ja auch nicht anschnallen – somit wollten sie sich natürlich auch nicht mehr anschnallen. Obwohl ich es bis zum letzen Tag in Brasilien nicht in Ordnung fand, dass es für die hinteren Insassen keine Anschnallpflicht gab, ließ ich meine Kinder auch ohne Gurt mitfahren. Paradox war, dass alle neueren Fahrzeuge über Gurte auf den Rücksitzen verfügten. Für mich war es einfach nur widersprüchlich, dass so ein kinderfreundliches Land, seine Sprösslinge gesetzlich einem solchen Risiko, aussetzen ließ. Klar wusste ich, dass ich jenes auch für mich entscheiden hätte können. Es war aber auch nicht einfach, die Gewohnheiten der Brasilianer und meiner Kinder, die schon drei Monate vor mir in Brasilien eintrafen, zu ändern. Obwohl es in Brasilien die Null Promille Grenze gab, trank wirklich jeder Alkohol und fuhr trotzdem mit dem Wagen oder Motorrad noch nach Hause.

Sandstraßensanierung auf Brasilianisch.

Fußweg (nur weißer Fliesenweg), der eigentlich keiner war.

Ich trank in Deutschland maximal zwei Bier, nachdem ich mich noch ins Auto setze. Hier allerdings kam es doch öfter vor, dass ich auch nach drei oder vier Bier noch nach Hause gefahren bin – hätte ich vorher auch nicht von mir gedacht. Ich ließ mich aber doch das eine oder andere Mal, hinreißen, nicht nur bei einem Bier zu bleiben.

Wohnungsvermietung auf Brasilianisch (Guarapari).

Der Weg nach Hause wäre nicht weit gewesen – leider aber zu Fuß viel zu gefährlich, da man überfallen hätte werden können. Im abgeschlossenen Auto, war ich nachts relativ sicher unterwegs. Der Strand und das Klima waren zwar sehr schön, aber auf Dauer auch nicht die Erfüllung meiner Lebensträume in Brasilien. Anfang Februar kamen dann die Kinder in die Schule und freuten sich sehr darauf – die pflichtmäßige Schulkleidung in Brasilien war für mich auch neu – dadurch empfanden die Kinder auch eine Art Zugehörigkeitsgefühl zu den Klassenkameraden.

14. Melissas Job in Brasilien als Lehrerin:

Durch eine Bekannte in Guarapari erfuhr Melissa, dass noch Lehrerinnen in einer anderen Schule gesucht wurden – somit bewarb sie sich dort. Und es klappte tatsächlich mit der Arbeitsstelle für Melissa. Dummerweise hatten wir die Kinder ja bereits in der anderen Privatschule angemeldet – wir hätten dort jeden Monat zirka 300,00 Reais für Beide bezahlen müssen. In der Schule von Melissa hingegen, konnten Maísa und Tiago für zusammen 50,00 Reais zur Schule gehen, da es für die Kinder von angestellten Lehrerinnen, andere Beitragssätze gab. Melissa hatte als Lehrerin nur 380,00 Reais verdient – das war in Brasilien leider so üblich, dass eine Lehrerin nur den gesetzlichen Mindestlohn erhielt. Es war für mich völlig unverständlich, warum eine Lehrerin nur so wenig Geld verdiente – somit verstand ich auch, warum das Bildungssystem in Brasilien so dermaßen schlecht war – wenn eine Lehrerin weniger verdient als ein Handwerker, wie sollte sie dann noch motiviert sein, produktive sowie effektive Arbeit zu leisten. Jeder "kleine" quasi ungelernte Angestellte bei der Stadt verdiente ein Vielfaches einer Lehrerin – eine Putzfrau einer Schule verdiente somit das Gleiche, was eine Lehrerin verdiente – die Regierung bastelte bereits seit Jahrzehnten an einer Änderung dieser Einkommenssituation für Lehrerinnen. Daher arbeiteten auch viele Lehrerinnen in Privatschulen – die zahlten ca. 30 % mehr Gehalt im Monat.

Melissa jedoch war mit voller Einsatzfreude dabei, da sie erstens, schon damals als Lehrerin gerne arbeitete und zweitens, weil ihr das Unterrichten und das Vorbereiten für den Unterricht, immer sehr viel Freude bereiteten.

Melissa mit Ihrer ersten Schulklasse (Guarapari).

Nach den ersten zwei Wochen, meldeten wir die Kinder schulmäßig um – jenes war gar nicht so einfach, da ein Wechsel eigentlich nur nach Beendigung eines abge-schlossenen Halbjahres, möglich war. Da meine Frau aber überzeugend und sympathisch argumentierte, stimmte die Schulleitung dem Wechsel zu. Ohne dass es vorher von uns geplant war, landete Maísa in der Klasse von meiner Frau. Unsere Tochter war so dermaßen Happy darüber, dass sie bei ihrer Mama lernen durfte. Tiago war ebenfalls froh darüber, dass seine Mama in der Nähe war. Melissa hatte Tiago natürlich auch täglich in seiner Klasse besucht – sonst wäre es auch ein wenig ungerecht für ihn gewesen.

Seit dem wir nun in Brasilien waren, hatten wir keine Krankenversicherung, da diese uns im Monat für die ganze Familie, locker 500,00 Reais gekostet hätte – dieses Geld war einfach nicht über, da ich noch kein Geld verdiente. Meine Frau schloss eine einfache Krankenversicherung ab, die zu 50 % alle Kosten bei einem Arztbesuch oder Krankenhausaufenthalt bezahlte. Darin enthalten waren aber keine Kostenübernahmen für zahnärztliche Behandlungen jeglicher Art. Ein Arztbesuch kostete in Brasilien zirka 100,00 bis 150,00 Reais – kam auf die Fachrichtung an. Der Kinderarzt oder normale praktische Arzt, nahm "nur" 100,00 Reais für eine einfache Untersuchung. Rezepte wurden in Brasilien grundsätzlich komplett selbst bezahlt – die Krankenkassen übernahmen diese Kosten nicht. Es war auch normal, ohne ärztliches Rezept, Antibiotika aus der Apotheke zu besorgen – war in Deutschland ohne Rezept, undenkbar.

15. Unser erstes neues Auto, Jobsuche:

Da unser vor fünf Monaten gekaufter VW Gol schon einige Reparaturen hinter sich hatte entschlossen wir uns, einen neuen Wagen zu kaufen. Nach Recherche sowie Preisvergleich kamen wir zu dem Entschluss, uns einen neuen Chevrolet Celta 1.0 zu kaufen. Diesen erwarben wir für 27.500,00 Reais. Zweitürer mit Klima, Alarmanlage, Servolenkung sowie Funkfernbedienung. Unseren alten Wagen konnten wir für 16.000,00 Reais in Zahlung geben. Mit diesem ökonomischen Wagen waren wir super zufrieden. Nun konnten auch größere Touren in Angriff genommen werden. Über eine Anzeige in der Zeitung wurden Bauingenieure, beziehungsweise Bauleiter in Brasilien gesucht – eine Internetseite wurde für ein Bewerbungsformular, ebenfalls genannt. Ich füllte dieses Formular aus und bekam tatsächlich einige Tage später eine Einladung zu einem ersten Vorstellungsgespräch per E-Mail. Dieses Gespräch sollte in einem Hotel in Vitória stattfinden. Mit viel Vorfreude fuhr ich gemeinsam mit Melissa an einem Samstag zu diesem Hotel direkt am Strand von Vitória. Das Hotel war von Außen ziemlich herunter gekommen – nach Erstellung wohl vor zirka dreißig Jahren, wurde bis zu diesem Zeitpunkt, so gut wie nichts an diesem Gebäude renoviert. An der Rezeption erkundigte ich mich dann nach dem Raum, in dem das Vorstellungsgespräch stattfinden sollte. Es war ein Saal im hintersten Teil des Hotels mit einer kargen Ausstattung. Es sollte eigentlich um 11:00 Uhr losgehen – außer fünf anderen Bewerbern, waren noch keine weiteren Personen eingetroffen. Nach gut einer Stunde, trudelten immer noch Bewerber ein – ich konnte nicht glauben, dass Arbeitssuchende so unpünktlich sein könnten – für brasilianische Verhältnisse aber super normal. Der Vortragende war von einer Arbeitsvermittlungsagentur und sollte die Stellenbeschreibungen erläutern. Vom Helfer auf der Baustelle, bis zum Baustellenleiter, wurden Leute in Amerika für die Erstellung von Schwimmbecken für eine Baufirma, gesucht. In der Annonce wurde von dem Einsatzort in Amerika keine Silbe genannt – der Vermittler erklärte uns, es sei Absicht gewesen, da sich sonst zu viele Bewerber ohne jegliche Qualifikationen beworben hätten. Viele Brasilianer würden diesen Job nur als Sprungbrett benutzen, um nach Amerika einwandern zu können – laut seiner Aussage. Ich hörte mir zwar alles an, war mir aber schon sicher, dass diese Arbeitsaufgabe nichts für mich sein würde – ich wollte ja in Brasilien arbeiten und nicht in Amerika. Von dieser Firma habe ich dann aber auch nichts mehr gehört – zudem ich dem Vermittler auch meine Gehaltsvorstellungen nannte – die waren wohl für brasilianische Verhältnisse, viel zu hoch. Meine Suche nach einem Job, begann somit wieder bei Null – weiterhin studierte ich die Zeitungsanzeigen und bewarb mich bei diversen Firmen in Brasilien – leider ohne jeglichen Erfolg. Tiago feierte dann seinen fünften Geburtstag am 25.03.2007 erstmalig bei sommerlichen Temperaturen - das Fest fand natürlich draußen statt. Wir bestellten für die Kinder ein Trampolin für zirka drei Stunden – wir liehen dieses Spaßgerät, für lediglich 50,00 Reais inklusive Auf- und Abbau sowie Betreuung während der drei Stunden. So etwas konnte man nur in Brasilien bezahlen. In Deutschland wäre es viel zu teuer gewesen. Ostern zu feiern, war in Brasilien ebenfalls viel schöner als in Deutschland – wir hatten wunderschönes Wetter und feierten das Fest bei Melissas Schwester. Die Ostereier wurden im ganzen Garten versteckt – die Kinder hatten großen Spaß beim Suchen. Auch für uns Erwachsenen war es ein schönes Osterfest 2007, da wir ebenfalls Spaß hatten und natürlich draußen grillten. Nach Ostern, waren dann die Festlichkeiten erst einmal vorbei. Weiterhin studierte ich täglich die Jobanzeigen in den Zeitungen – auch fand ich immer mehr Firmen im Internet. Bei vielen Online-Bewerbungen, verlangte man immer wieder eine CPF-Nummer – was war das denn nun schon wieder. Nachdem ich Melissa befragte, handelte es sich hierbei um eine Art Steuernummer, die in Brasilien für etliche Dinge gebraucht wurde. Diese CPF-Nummer wurde auch an Ausländer vergeben – sie war bei der Post zu beantragen und wurde innerhalb von wenigen Tagen postalisch zugesandt – es handelte sich dabei um eine Plastikkarte – so groß wie eine Scheckkarte. Auf dieser Karte waren der Name, das Geburtsdatum sowie die CPF-Nummer eingetragen. Ohne diese Nummer konnte auch keine Wohnung angemietet werden – jeder Vermieter verlangte diese Angabe – gleiches galt auch bei Eröffnung eines Bankkontos, Zulassung eines Fahrzeuges, Abschluss einer Versicherung oder beim Kauf einer Immobilie. Ausgestellt wurde diese Karte vom Finanzamt in Brasilien. Nach Ablauf eines Kalenderjahres, war es ebenfalls möglich, online eine Art Einkommenserklärung mit Angabe der CPF-Nummer, zu erledigen.

Unser erstes neues Auto in Brasilien (Chevrolet Celta).

16. Mein erster Job in Brasilien:

In unserer Wohnanlage wohnte ebenfalls eine brasilianische Familie mit zwei Kindern – der Mann arbeitete für eine Firma, die im Auftrag eines Ölkonzerns, Gasleitungen verlegte. Mit dieser netten Familie hatten wir uns bereits ein wenig angefreundet – deren Kinder gingen mit unseren beiden Kindern, bereits zur selben Schule. Da ich Zeit hatte, fuhr ich täglich allesamt zur Schule und holte sie auch wieder ab. Der besagte Nachbar bekam mit, dass ich händeringend einen Job suchte – er bat mir freundlicherweise an, meinen Lebenslauf bei der Personalstelle auf der Baustelle abzugeben. Leider reagierte der Personalchef nicht auf meine Bewerbung, obwohl mein Nachbar mehrmals nachhakte. Als wir dann eines Abends mit unseren Nachbarn grillten, übergab mir mein Nachbar die E-Mail-Adresse von dem Inhaber der Firma, in der er tätig war. Mein Nachbar war auf der Baustelle für die gesamte Lagerverwaltung zuständig. Dieser Firmeninhaber war zufälligerweise ein Deutscher, der bereits seit dreißig Jahren in Brasilien, lebte. Nun schrieb ich mit voller Hoffnung am nächsten Tag diesen Mann direkt per Mail an und bat ihn um Hilfestellung für einen Job auf der Baustelle in seiner Firma. Der Inhaber antworte prompt am nächsten Tag und verwies mich an den Personalsachbearbeiter der Baustelle – der sollte mir alle weiteren Details nennen. Nachdem ich dann dort anrief, wurde ein Termin zur Baustellenbesichtigung mit einem leitenden Bauleiter vereinbart. Ich konnte es kaum glauben, so weit gekommen zu sein. Ich fuhr also zu dem 20 km entfernten Baustellenlagerplatz um mich vorzustellen. Diesen Tag hatte ich nie vergessen, da ich quasi nichts von dem verstand, was mir der Mitarbeiter auf Portugiesisch erklärte. Es wurden bei diesem Baustellenbesuch portugiesische Vokabeln genannt, die ich zuvor noch nie hörte. Es waren unheimlich viele technische Ausdrücke dabei – das machte mir schon ein wenig Angst. Da sich die Firma in Rio de Janeiro befand, war ein Treffen mit ihm auf der Baustelle recht schwierig – ich wollte mit ihm meine Einsatzmöglichkeit besprechen. Nach mehrmaligen gescheiterten Verabredungen, klappte es dann doch nach vier Wochen, mich mit ihm zu treffen. Ein sehr sympathischer Mann Mitte Vierzig saß mir nun in seinem Büro der Baustelle gegenüber und erzählte mir von den Aufgaben auf der Firma. Er sagte mir auch, dass mindestens sechs Tage die Woche gearbeitet wird – ein zwölf Stunden-Arbeitstag sei völlig normal. An Feiertagen würde ebenfalls gearbeitet werden. Mein Grundgehalt von 850,00 Reais würde sich aber aufgrund der Überstunden, locker verdoppeln. Diese Kompromisse waren für mich aber überhaupt kein Problem, da ich super froh darüber war, einen Job bekommen zu haben. Wir gingen dann nach einem netten zweistündigen Gespräch gemeinsam zum Personalchef, um über meine Position, zu reden. Der Personalchef holte dann nach Verlangen, meine bereits vorhandene Bewerbung aus der untersten Schublade – da wusste ich, ohne die direkte Hilfe des Firmeninhabers, wäre ich an einen Job in diesem Unternehmen, nie gekommen. Dem Personalchef war diese Situation ersichtlich unangenehm – er war zwar freundlich, aber doch ein wenig distanziert mir gegenüber. Ich sollte in der Abteilung Planung, eine Stelle als Assistent vorerst übernehmen, da meine Portugiesischkenntnisse für eine Führungsaufgabe, noch längst nicht ausreichten. Mein Arbeitsbeginn sollte der 02.05.2007 sein. Im Personalbüro wurden mir dann alle benötigten Unterlagen für einen Arbeitsbeginn genannt. Ich rief sofort Melissa an und teilte ihr diese tolle Nachricht mit – wir waren so glücklich über die Zusage einer Arbeitsstelle für mich. Mein Leben in Brasilien sollte nun endlich, richtig beginnen – ich hatte einen Job und somit ein sicheres monatliches Einkommen für meine Familie, sichergestellt. Bevor ich in der Firma arbeiten durfte, benötigte ich einige Unterlagen. Zum einen war es die: CARTEIRA DO TRABALHO. Übersetzt: Arbeitsausweis. Diesen Arbeitsausweis musste ich mir bei dem Amt für Arbeit besorgen – in unserer Stadt Guarapari würde die Ausstellung mindestens zwei Wochen dauern – ich wollte aber bereits in der nächsten Woche beginnen. Somit fuhren wir zur nächsten größeren Behörde in Anchieta, zirka 25 km entfernt. Dort sollte die Ausstellung angeblich sofort geschehen – wir fuhren also mit all meinen Dokumenten zu dieser Behörde, um diesen Arbeitsausweis zu erhalten. Der Sachbearbeiter blockte erst einmal ab und meinte, ihm würden noch übersetzte Unterlagen fehlen. Nachdem Melissa ihm eingehend alle

Dokumente nochmals vorlegte und ihm meine Dringlichkeit erklärte, bekam ich innerhalb von dreißig Minuten meinen Arbeitsausweis – ohne jegliches "Trinkgeld". Dieser Arbeitsausweis hatte die Größe eines Reisepasses in der Farbe Blau. Auf der ersten Innenseite waren alle persönlichen Daten vermerkt – ebenfalls ein Farbphoto mit Dienstsiegel war auf dieser, vorhanden. Die restlichen Seiten waren dann für die Arbeitgeber vorgesehen. Dort wurden dann später alle Daten der Firma, sowie meine Arbeitsbezeichnung und der Arbeitsbeginn vermerkt. Auch war ein Impfnachweis gegen Tetanus sowie Gelbfieber erforderlich. Diese Impfungen ließ ich mir am nächsten Tag beim Arzt verabreichen. Zudem musste ich auch noch eine zahnärztliche Untersuchung absolvieren – der Zustand meines Gebisses war vor Arbeitsbeginn, von einer Zahnärztin dokumentieren zu lassen. Die allgemeine ärztliche Untersuchung, sollte dann später auf der Baustelle von einem Arbeitsmediziner durchgeführt werden. Am 27.04.2007, an einem Freitag, war auf der Baustelle der Integrationstag – das war ein Lehrgang, den jeder Mitarbeiter vor Einstellung absolvieren musste. Um 08:00 Uhr fing der Kurs an – es kamen zirka fünfundzwanzig neue Mitarbeiter an diesem Tag. Der Lehrgangsleiter war ein technischer Mitarbeiter der Abteilung Arbeitssicherheit auf der Baustelle. Wir sollten unsere persönlichen Daten auf einem Formblatt notieren – für die spätere Ablage der Firma. Der Kollege begann mit der Vorstellung der Firma sowie deren Aufgaben. Danach ging es hauptsächlich um die Sicherheit auf der Baustelle. Was mich wunderte war, dass er auch die Mitarbeiter anmahnte, Sorgfalt mit unserer Umwelt zu tragen – zum Beispiel, kein Müll auf die Straße zu werfen oder defensiv mit den Firmenfahrzeugen zu fahren. Teilweise kam ich mir vor, als sei ich in der zweiten Klasse einer Grundschule, da diese Verhaltensweisen für mich selbstverständlich waren. Um 11:30 Uhr dann bereits

Mittagspause bis 13:00 Uhr – nach dem Mittagessen in der eigenen Kantine auf der Baustelle, hatte ich noch viel zu viel Zeit übrig. Das Essen in der Kantine war als Buffet aufgebaut – alles konnte selbst ausgesucht werden – nur am Ende des Tresens stand eine Küchenangestellte, die das Fleisch sowie den Nachtisch rationierte. Sonst hätten sich wohl einige Kollegen Unmengen an Fleisch auf ihren Teller getan. Mich erschreckte, wie voll die Teller waren – sah aus, wie ein riesiger Berg. Nach dem Essen ging es dann gemächlich weiter, da die Kursteilnehmer auch schon ein wenig abgeschlafft waren – ich übrigens auch. Wir schauten uns noch Filme über Unfälle auf der Baustelle, sowie Verkehrsunfälle an – sollten wohl zur Unterstützung der präventiven Sicherheit, gezeigt werden. Von dem ganzen Lehrgang habe ich zirka 70 % inhaltlich verstanden – darüber war ich schon sehr froh. Um 15:00 Uhr kündigte der Lehrgangsleiter einen Abschlusstest an – ich war geschockt, da ich ja quasi kein Wort auf Portugiesisch lesen konnte – und schon gar nicht, die ganzen Fachausdrücke der Baustelle. Als ich den Testbogen in den Händen hielt, war ich verzweifelt – ich hätte nicht eine von den zwanzig Fragen, beantworten können. Ohne dass ich große Gestiken veranstalten musste, kam der Lehrgangsleiter an meine Seite und ging die Fragen mit mir gemeinsam durch – inklusive Erklärung und Ankreuzhilfe. Bis dahin dachte ich noch, ich wäre der einzige Kandidat, der Schwierigkeiten mit dem Test hatte – weit gefehlt, ich vergaß, dass es in dem Kurs drei Analphabeten gab – die konnten zwar die portugiesische Sprache sprechen, aber nicht Lesen oder Schreiben. Somit war ich nicht mehr das "schwarze Schaf" in der Gruppe – ich war darüber sehr erleichtert. Gegen 17:00 Uhr war dann der Kurs zu Ende.

17. Der erste Arbeitstag:

Das erste richtige Wochenende stand vor der Tür – dieses genoss ich ganz besonders mit der Familie, da es ein für mich verdientes Wochenende war – so wie damals in Bremen, nach einer Arbeitswoche. Der Montag darauf, der 01.05.2007, war auch ein Feiertag in Brasilien – somit begann mein regulärer erster Arbeitstag am 02.05.2007 - ein Dienstag. Das Wochenende war zwar schön aber auch voller Sorge meinerseits, ob ich in dieser Firma mit meinen geringen Portugiesischkenntnissen, zu Recht kommen würde. Mit meinem Nachbar, der auch bei dieser Firma arbeitete, vereinbarte ich, dass wir uns am ersten Arbeitstag um 05.55 Uhr an der Eingangspforte verabredeten – die Mitarbeiter dieser Baustelle, wurden nämlich morgens mit einem großen Bus abgeholt und abends wieder nach Hause gebracht – jenes kannte ich aus Deutschland überhaupt nicht. Es lag einfach daran, dass so früh morgens kaum Busse fuhren – auch hatten die wenigsten Mitarbeiter das Geld, um sich ein Auto zu leisten. Ich stand also um 5.30 Uhr auf – das war hart, da ich eh wenig geschlafen hatte. Der Bus kam dann auch pünktlich um 06:00 Uhr und hielt an unserer Straßenecke. Was war ich froh, dass ich nicht alleine fahren musste – so kannte ich zumindest eine Person, die im Bus neben mir saß. Es wurden dann zirka 40 Personen "eingesammelt" – um 06:40 Uhr trafen wir am Bauplatz ein. Zuerst ging ich dann zur Personalabteilung, um meine provisorische Arbeitszeitkarte abzuholen – diese musste nämlich an der Stempeluhr durchgezogen werden. Der Personalsachbearbeiter teilte mir noch mit, dass in den nächsten vier Wochen unsere Krankenkassenkarten eintreffen würden – die Firma bezahlte nämlich für alle Mitarbeiter eine komplette Krankenversicherung für die ganze Familie – was für ein Glück dachte ich und freute mich sehr über diese zusätzliche Leistung des Unternehmens. Auch hatte ich eine Art Essenkarte zu erwarten – auf dieser wurden monatlich 60,00 Reais gutgeschrieben – mit dieser Karte, konnte man in jedem Supermarkt Einkäufe tätigen. Der Baustellenleiter stellte mich dann den Kollegen meiner Abteilung vor – es war die Planungsabteilung. Es waren alle sehr nett und freundlich zu mir an diesem ersten Arbeitstag. Ein Schreibtisch war für mich nicht vorgesehen – jenes wunderte mich ein wenig, da es in Deutschland ziemlich normal war, dass ein solcher zur Verfügung gestellt wurde. Somit setze ich mich an die Seite eines Kollegen und schaute ihm ein wenig über die Schulter und ließ mir einige Dinge erklären – verstanden habe ehrlich gesagt, nicht so viel – es waren einfach zu viele Wörter, die ich zuvor noch nie gehört hatte. Mittags ging ich dann mit einem Kollegen essen, der mit an der Dokumentation für die Baustelle gearbeitet hatte. Er war zwanzig Jahre alt und ziemlich locker drauf – wir verstanden uns, trotz der sprachlichen Schwierigkeiten, auf Anhieb sehr gut. Um 18:00 Uhr war dann der Bus zur Abfahrt bereit – ich hatte meinen ersten Arbeitstag beendet und war super Happy darüber, dass dieser so gut verlief. Gegen 18:40 Uhr kam ich dann mit meinem Kollegen und Nachbar nach Hause und berichtete Melissa, über meinen ersten Tag in der Firma. Die nächsten Tage war ich damit beschäftigt, die Pipelinepläne zu studieren – da ich keinen Schreibtisch hatte, siedelte ich ins Besprechungszimmer um, da ich dort Platz hatte, die Pläne auszubreiten. Ich konnte mich nicht mehr daran erinnern, wann ich das letzte Mal, so viel gelernt hatte. Per Excel-Tabelle hatte ich bereits vier Seiten technische Übersetzungen von Portugiesisch auf Deutsch erstellt – und ein Ende dieser Liste, war noch lange nicht in Sicht. Meine Kollegen beantworteten mir geduldig all meine Fragen. Mit einem Bauingenieur fuhr ich dann auch nach und nach, zu den dreißig Baustellen auf der 100,00 km langen geplanten Pipeline. Das war nämlich das Projekt dieser Firma – eine Pipeline von 28" (70 cm Durchmesser) zu verlegen – ebenfalls sollten zwei große Gasstationen erstellt werden. Die Hälfte der gesamten Strecke, wurde bereits unterirdisch verlegt – also lag noch eine Menge Arbeit vor uns. Insgesamt waren 1.000 Leute auf dieser Baustelle tätig – davon ungefähr 150 Kollegen im Büro. In dem Unternehmen hatte sich dann auch schnell herumgesprochen, dass ich der einzige Deutsche war – somit wurde ich von etlichen Kollegen über meine Beweggründe, in Brasilien leben zu wollen, befragt. Ich kam mir wirklich wie ein Außerirdischer vor, da ich definitiv der einzige Deutsche auf der Baustelle war. Meinen Namen konnte bis zum Schluss, keiner richtig aussprechen – aus Gerd wurde stets Gerdsch – ich beließ es dann auch dabei. Von vielen wurde ich auch nett GRINGO genannt – heißt übersetzt: Ausländer. War aber nicht unfreundlich gemeint, da in Brasilien dieses Wort nicht so negativ angehaucht war, sowie eventuell in Deutschland. Daran habe ich ebenfalls wieder gemerkt, wie schwierig eine andere Fremdsprache zu erlernen war – ich hatte natürlich auch bei einigen portugiesischen Wörtern Schwierigkeiten, diese richtig auszusprechen. Nach dreiwöchiger "Studierzeit" der Pläne, sollte ich für die Zukunft ein Projekt als Bauleiter / Projektleiter mit steuern – leider verzögerte sich das Projekt, da der Kunde die geplante Gaskomprimierungsstation noch nicht frei gab.

Mit meinem Kollegen auf einer Baustelle.

Eine Teilbaustelle der Gas-Pipeline von 100 km Länge.

Ich hatte bereits mit MS-Projekt von Microsoft mein Projekt ausgearbeitet – leider nur auf dem Papier. Somit hing ich arbeitsmäßig ein wenig in der Luft. In der Abteilung Baustellensicherheit war bereits ein Bauingenieur tätig, der die Baustellen überprüfte und mit koordinierte. Da es etliche offene frei zu gebende Baugruben gab, fehlte in dieser Abteilung noch eine qualifizierte Person – der Kollege fragte mich dann, ob ich ihn dabei unterstützen könnte. Somit wechselte ich kurzerhand meinen Aufgabenbereich und war täglich zwölf Stunden mit ihm unterwegs – er schrieb die Berichte für die Baustellenüberwachung und ich erstellte die technischen Zeichnungen vor Ort. Es wurde ein Querschnitt der Baugrube sowie eine Draufsicht von mir erstellt – ebenfalls wurden die Erdschichten von mir analisiert sowie die Standsicherheit der Baugruben bewertet. Diese Aufgabe war sehr interessant, da ich quasi zu allen Mitarbeitern auf den gesamten Baustellen Kontakt hatte. Ich arbeitete mich in dieses Gebiet relativ schnell ein und lernte zugleich alle relevanten Vokabeln der Baustelle – wir waren nach kurzer Zeit, ein sehr gutes Team. Teilweise fuhren wir am Tag bis zu 250 Kilometer – die Baustellen lagen oftmals mitten in der "Pampa". Ich durchquerte Gebiete, die zuvor wohl noch kein Mensch betrat. Da wir wirklich alle Baustellen aufsuchten, lernte ich alles über das Verlegen von Gas-Pipelines – ich ließ mir alle Arbeitsschritte vor Ort von den Gruppenleitern detailliert erklären – zumal die es natürlich auch super fanden, dass sie einem "Vorgesetzten" alles erklären durften. Und es waren wirklich eine Menge Vorschriften zu beachten. Bis eine Leitung endgültig im Erdreich verschwand, musste sie einige Prüfungen über sich ergehen lassen. Nach meiner Meinung, war das Qualitätswesen dieser Firma, mindestens so gut, wie bei einem deutschen Unternehmen. Lediglich die Arbeitsabläufe wären meiner Meinung nach, verbesserungswürdig gewesen.

Unterwegs zur Baustelle (Wohnhaus im Armenviertel).

Die Gas-Pipeline, quer durch fast unberührte Natur.

Ich hätte zuvor nie gedacht, dass das Verlegen einer Gasleitung so aufwendig und penibel betrieben wurde. Diese erlangten Baustellenkenntnisse, würde ich definitiv nie vergessen. Wir passierten ebenfalls sehr viele SITIOS, hieß übersetzt: Bauernhöfe. Wir trafen einige Bauern an, die von der Zivilisation noch nicht viel gesehen hatten – sie ritten noch wie vor einhundert Jahren, mit dem Pferd durch die Landschaft, um die Vieherden zu kontrollieren. Ein Cowboyhut der Viehtreiber, war dabei stets Pflicht. Falls die Zeit es zuließ, aßen wir in der Kantine auf dem Baustellenlagerplatz, da das Essen dort vorzüglich schmeckte. Die Gerichte waren sehr abwechselungsreich – auch gab es stets Gemüse und einen Nachtisch. Natürlich gab es jeden Tag Bohnen mit Reis – es gab keinen Mitarbeiter, der diese beiden Grundnahrungsmittel mittags ausließ. Ich hingegen freute mich auch darüber, dass es stets auch andere Speisen, wie Kartoffeln oder Nudeln, gab. Schlimm fand ich die Essgewohnheiten der Kollegen – fast alle aßen nur mit der Gabel in der rechten Hand und "schaufelten" das leckere Essen, wie ein Bagger, so hinein. Auch störte es mich sehr, dass die Brasilianer stets mit vollem Mund beim Essen, sprachen – es war nicht unbedingt Appetitanregend für mich. Für die Brasilianer war es aber völlig normal, mit vollem Mund Konversation zu betreiben. An diese Essgewohnheiten musste ich mich natürlich erst gewöhnen – ob ich wollte, oder nicht. Nach einem Monat bekam ich dann mein erstes Gehalt in Brasilien – es war so ein tolles Gefühl, selbst Geld verdient zu haben. Ich versprach meinen beiden süßen Kindern, vom ersten Geld, jeweils ein großes Geschenk für Beide zu kaufen – jenes Versprechen wurde natürlich auch prompt von mir Anfang Juni eingelöst. Am 24.06.2007 war dann ein traditionelles Cowboyfest in Melissas Schule angesagt – unsere Zwerge zogen natürlich passende Kleidung für das Fest an – auch hatte Melissa als Lehrerin für ihre Klasse, einen Tanz vorbereitet.

Dieser Samstag war für die ganze Familie ein schöner Ausgleich zu meinem Job – ich arbeitete nämlich sechs Tage die Woche und das bei einem Zwölfstundentag – da war jede freie Minute für uns, ein wahres Geschenk. Da nur der Sonntag zum Ausspannen blieb, nutzten wir diese Sonntage auch immer voll aus – entweder gingen wir zum Strand oder grillten mit unseren Nachbarn. Melissas Familie in Vitória kam leider etwas kurz, da sich die Besuche, aufgrund meiner Arbeitszeiten, sehr minimierten. Ich fragte mich zu dieser Zeit bereits, ob ich ein solches Leben auch in Zukunft führen werden würde - jetzt hatte ich zwar einen Job und somit eine Aufgabe, aber meine Familie sah ich nur noch selten – wie auch, wenn ich sechs Tage in der Woche von morgens um 05:30 Uhr bis mindestens 19:00 Uhr außer Haus war. So hatte ich mir das dann auch nicht unbedingt vorgestellt. Ich hatte zwar Geld verdient, konnte dieses, aber gar nicht richtig genießen, da ich einfach keine Zeit mehr zum Ausgehen hatte. Klar wusste ich, dass jede Medaille auch zwei Seiten hatte.

18. Besuch aus Deutschland:

Ich war sehr erfreut darüber, dass ein Freund aus Deutschland zu uns zu Besuch kommen wollte – er wollte seine Urlaubsreise vorwiegend in Salvador verbringen und für ein verlängertes Wochenende zu uns kommen. Ein Wochenendprogramm hatte ich bereits zusammengestellt. Als der Freund dann aufgrund der hohen Flugkosten kurzerhand absagte, war die Enttäuschung recht groß für mich. Da merkte ich extrem, wie mir die Freunde aus meiner Heimat doch mehr fehlten, als ich vorher dachte. OK, der Alltag ging dann auch ohne das Besuchswochenende weiter – war nur sehr Schade, da ich mich schon sehr auf ihn gefreut hatte. Auch vermisste ich die Konversation auf

Deutsch, da ich mittlerweile auch schon zehn Monate hier lebte und quasi nur mit Melissa Deutsch sprach – die Unterhaltung mit einem guten Freund, wäre aber eben doch eine Andere gewesen. Zumal ich ihm auch gerne gezeigt hätte, wie ich hier lebte.

19. Arbeitsmoral der Brasilianer:

Da mir auf der Baustelle auffiel, dass so manche Arbeitsabläufe nicht so ganz "Rund" liefen, nahm ich mit dem deutschen Firmeninhaber aus Rio Kontakt auf, da ich einige Verbesserungsvorschläge einbringen wollte. Der fand meine Beobachtungen sowie meine Ideen sehr gut und wollte, dass ich an diesem Thema dran bleibe. Ich sollte auf das Gespräch mit dem Baustellenkoordinator warten – diesen hatte er bereits über meine Vorschläge informiert und ihn darum gebeten, mit mir Kontakt aufzunehmen. Aus welchen Gründen auch immer, wurde aus dieser Zusammenarbeit leider nichts – der Baustellenkoordinator hatte sich mit mir nicht an einen Tisch gesetzt – ich ging davon aus, dass solche Änderungen von einem Brasilianer, nicht erwünscht waren. An diesem Verhalten merkte ich erstmals, dass ich hier eben nur ein Ausländer war – mehr eben nicht. Die Baugrubenabnahmen waren nach drei Monaten dann auch nicht mehr so spannend, wie zu Anfang – ich merkte, mit fehlte eine Aufgabe mit mehr Arbeitsinhalten. Wie sollte ich diese Situation nur ändern. Auch fiel mir immer mehr auf, dass die Chefs von den einzelnen Abteilungen sehr vertraut miteinander waren – wenn sie nicht verwandt waren, dann aber auf jeden Fall sehr gut befreundet – man feierte auch viel zusammen in dieser Clique. Mein Gespür sagte mir, in diese "höhere Liga", kommst du nie rein. In dieses Unternehmen kam ich nur deshalb, da ich den deutschen Inhaber direkt kontaktiert hatte – daher wurde meine damalige

Erstbewerbung an die Baustellenleitung auch stumpf igno-
riert – so lief das halt in den Firmen. Mindestens siebzig
oder achtzig Prozent der Mitarbeiter, sind über "Vitamin B"
in die Firma gekommen. Das war für mich eine harte Er-
kenntnis – andere Länder, andere Sitten, dachte ich mir nur
dabei. Meine Arbeitsmotivation war somit auch nicht mehr
bei der 100 % Skala angesiedelt. Ich schaute mich bereits
im Internet nach einer anderen Arbeitsalternative in Brasilien um – leider ohne Erfolg. So nett die Kollegen auch
waren, wiederholten sich die Gesprächsinhalte täglich – es
ging eigentlich immer nur um das eine Thema, nämlich
Sex, Sex und nochmals Sex. Die ersten Monate fand ich
das ja noch ganz amüsant – danach war es für mich aber
schon schwierig, dem immer gleichen Gelaber zuzuhören.
Ein netter Ausgleich war es dann, wenn ich mit der Familie
in Guarapari einkaufen ging oder durch die Stadt schlender-
te – an jeder Straßenecke grüßte mich ein Mitarbeiter der
Firma. Das Stadtzentrum war ja nun mal nicht unbedingt
groß – somit kannte ich mehr Leute dort, als meine brasilianische Frau Melissa. Wie ich bereits zu Anfang des Buches schrieb, waren die Brasilianer stets super nett zu mir –
so ein herzliches Miteinander kannte ich aus Deutschland
nicht. Ich versuchte aus meinem Arbeitsalltag das Beste zu
machen und dachte mehr an die positiven Seiten des Jobs
– jenes gelang mir auch recht gut. Beim Verlegen der Gas-
Pipeline, wurden nun vermehrt Felsen im Bereich der Erd-
verlegung gefunden – jenes hieß, es musste mit Dynamit
gesprengt werden. Da teilweise Wohnhäuser nicht weit
entfernt von der Sprengung lagen, mussten Gutachten vor
der Sprengung und nach der Sprengung an den Gebäuden
erstellt werden. Diese Aufgabe sollten mein Kollege und ich
übernehmen – endlich war eine neue interessante Aufgabe
hinzugekommen. Diese Gutachten waren vor Ort auch nie
langweilig, da die Objekte ja nie gleich waren – ich fühlte
mich sehr wohl mit dieser neuen Thematik meines Jobs. Da

auf den Landwegen ebenfalls schwere Lastwagen, Bauma- schinen sowie die Gasrohre transportiert wurden, wurden auch zwangsläufig kleine Brücken überquert – die Standsi- cherheit dieser Brücken, sollte von uns Beiden ebenfalls begutachtet werden – das war nun noch ein kleines "I- Tüpfelchen" oben drauf, zu unseren anderen Aufgaben. Die Wochen vergingen dann wieder wie im "Fluge". Als dann allerdings mein Kollege für vierzehn Tage Urlaub nahm, begann wieder ein Alptraum. Ein anderer Bauingenieur der Firma sollte ihn vertreten, da ich keine Unterschriftsberech- tigung hatte – es fehlten meine schriftlichen Portugiesisch- kenntnisse für ein autonomes Arbeiten in diesen Bereichen. Der Vertreter sollte mich eigentlich zur Unterstützung mit- nehmen, da ich in diesen Aufgaben fit war – hat er aber leider nicht. Die meiste Zeit fuhr er alleine raus oder nahm einen anderen Kollegen mit, den er bereits sehr gut kannte – war halt sein engster Mitarbeiter. Ich saß somit zwei Wo- chen im Büro und langweilte mich zu Tode – meine einzige Beschäftigung war das Surfen im Internet – toll, dachte ich mir. Das waren die langweiligsten Arbeitswochen meines Lebens. Es störte auch irgendwie niemanden, dass ich ab- solut nichts zu tun hatte. Die Zeit verging dann aber doch irgendwie – und als mein Kollege wieder aus dem Urlaub kam, ärgerte er sich über die nicht einwandfreie fachliche Vertretung des Kollegen. Der Vertreter sollte dann in Zu- kunft auch nicht mehr einspringen – hatte der Chef von meinem Kollegen entschieden. Auf den Baustellen war be- reits ebenfalls ein Ende in Richtung unserer Aufgaben ab- zusehen – somit saßen wir dann doch öfter gelangweilt im Büro, als eigentlich geplant. Meine Kollegen im Büro hatten immer das Bedürfnis, die Klimaanlage auf Kühlschranktem- peratur zu stellen – obwohl schon alle erkältet waren, blieb die Anlage stets auf Maximum. Irgendwann hatte ich dann aber im wahrsten Sinne die "Nase voll" und sprach das Thema Klimaanlage an – ich erklärte meinen Kollegen, dass dieser Temperaturunterschied zwischen Büro und Draußen, extrem hoch sei. Im Büro hatten wie ca. 19 – 20° C und vor der Tür über 35° C. War doch klar, dass man da krank werden musste. Somit erklärte ich meinen Kollegen, dass es für uns gesundheitlich besser wäre, wenn wir die Klimaanlage nur auf Medium stellen würden. Alle Kollegen im Raum gaben mir Recht und stimmten meinem Vorschlag zu. Ich war richtig Happy, dass ein Konsens in dieser Sache gefunden wurde. Als ich dann allerdings am nächsten Tag von der Baustelle ins Büro kam, war die Klimaanlage wieder auf volle Leistung gestellt. Nach meiner Frage, warum dies so sei, lächelten mich alle recht freundlich an und zuckten mit den Schultern. Der Nachteil war nur, dass ich mir fast eine Lungenentzündung einholte und drei Tage Zuhause bleiben musste – und ich war nicht der einzige Mitarbeiter, der wegen Grippe, Zuhause bleiben musste. Nach meiner Rückkehr änderte sich ebenfalls nichts an der Situation mit der Klimaanlage. Übrigens, wiederholte sich diese Geschichte immer wieder – irgendwann gab ich auf und stellte die Klimaanlage runter, sobald ich ins Büro kam – das war für die Kollegen dann auch OK. Was ich ebenfalls aus Deutschland nicht gewohnt war, dass jeder Mitarbeiter seine mitgebrachte Musik am PC auf eine Lautstärke stellte, dass ich dachte, ich würde in einer Diskothek arbeiten – dieses Thema wiederholte sich ebenfalls bis zum Schluss – wenn ich von der Baustelle kam, bat ich um Minimierung der Lautstärke – hatte ja auch bis zum nächsten Tag angehalten. Meine Kollegen arbeiteten ebenfalls pro Tag mindestens zwölf Stunden – na ja, produktiv vielleicht sechs Stunden – der Rest der Arbeitszeit wurde mit Internetsurfen, Quatschen mit Kollegen oder mit Rumlaufen verbracht. Wie bereits geschrieben, arbeiteten die Brasilianer gerne lange aber nicht intensiv – jenes mochte aber auch teilweise an dem Wetter gelegen haben. Bei 35° C im Schatten, fiel jeder Schritt schwer. Trotzdem war ich der

Meinung, dass viel Zeit während der Arbeit, vertrödelt wurde – jenes hatte natürlich auch den Hintergrund, extra Stunden zu machen. In der Woche gab es nämlich 50% Aufschlag und am Wochenende 100% - viele Mitarbeiter verdienten mehr Geld durch Überstunden, als das Grundgehalt hergab. Wenn ein Hilfsarbeiter zum Beispiel den Mindestlohn von 380,00 Reais pro Monat bekam, erreichte er mit Hilfe der Überstunden locker ein Gehalt von 1.600,00 Reais Netto im Monat – nun konnte ich auch nachvollziehen, warum die Mitarbeiter jeder Überstunde hinterher liefen. Ich hingegen hätte lieber ein bisschen mehr Freizeit gehabt, als unendliche Überstunden abzureißen. Aus kollegialen Gründen, konnte ich natürlich auch nicht früher Feierabend machen – auch wenn ich es mir oft gewünscht hätte. Meine Arbeitsmotivation sank und sank, täglich auf einen Tiefpunkt – was sollte ich denn bloß an dieser Situation ändern. Melissa und ich setzten uns zusammen und überlegten, ob wir unser Leben so weiter führen wollten – wir kamen Beide zu dem Ergebnis, dass wir etwas ändern wollten. Da die Zentrale der Firma in Rio de Janeiro saß, fragte ich bei dem deutschen Inhaber erneut an, ob es nicht eine Einsatzmöglichkeit dort gäbe. Wir wussten zu diesem Zeitpunkt bereits, dass wir nicht in Guarapari bleiben wollten – diese Stadt war uns einfach für ein Leben dort, zu klein. Bevor wir uns mit dem Gedanken der Rückkehr nach Deutschland beschäftigen wollten, sollten noch Alternativen in Brasilien gesucht werden – wir wollten nicht gleich das "Handtuch werfen". Auch wäre die Baustelle in Guarapari eh bald für mich zu Ende gewesen. Leider bekam ich die Antwort von der Firma, dass in Rio de Janeiro kein Bedarf an Mitarbeitern vorhanden war.

20. Mein letzter Arbeitstag:

Ende Oktober 2007 war es dann auch so weit für mich – die Baustelle benötigte die Aufgaben meines Kollegen und mir, nicht mehr. Somit schied ich dann aus. Es begann ein ganz neuer Lebensabschnitt für mich – endlich wieder ausschlafen können. Das war ein Traum für mich, da ich die letzten acht Monate quasi jeden Tag um 05:30 Uhr aufstehen musste. Da ich mittlerweile acht Monate in der Firma gearbeitet hatte, war der Anspruch auf Arbeitslosengeld vorhanden – ich bekam 1/4 Jahr lang, 710,00 Reais Arbeitslosengeld pro Monat. Die Firma in der ich arbeitete hatte bereits neue Aufträge für die Verlegung weiterer Gas-Pipeline in der Tasche – nur lagen die neuen Baustellen in Bahia mitten in der Pampa – keine größere Stadt in der Nähe. Auch würden die Baustellen frühestens im Mai 2008 beginnen – der deutsche Firmenchef bot mir nach Anfrage meinerseits an, dort als Bauleiter arbeiten zu können. Ich setze mich mit Melissa erneut zusammen und überdachte intensiv diese Option für unsere Zukunft in Brasilien. Jenes hieß natürlich auch, dass ich wieder kaum zu Hause gewesen wäre und noch mehr arbeiten hätte müssen, als auf der Baustelle in Guarapari. Wir kamen dann beide zu dem Entschluss, dass wir ein solches Leben in Zukunft, nicht führen hätten wollen.

21. Planungen der Rückkehr nach Deutschland:

Somit schlug ich das Angebot aus und plante in Richtung Heimat mit meiner Familie. Ein Haus zur Miete in Bremen hatte ich bereits im Internet gefunden und gemietet. Wir boten unser Haus in Guarapari zum Verkauf über diverse Makler an. Die ersten Wochen kamen dann auch einige Kaufinteressenten – leider wollten viele eventuelle Käufer nicht den Preis bezahlen, den wir uns vorgestellt hatten. Dann fand sich ein Pärchen mit sehr großem Interesse – die hatten nur das Problem, dass sie zuvor ihr Appartement verkaufen mussten, um unser Haus kaufen zu können - wir hätten somit keine Kaufgarantie für Ende Januar 2008 gehabt. Dann kam ein Makler zu uns, den ich übers Internet fand – dieser nette ältere Herr hatte nicht einmal ein Büro, sondern arbeitete von Zuhause aus. Er meinte zu uns, wenn er einen Kunden bringen würde, wäre das Haus quasi verkauft. Wir nahmen diesen Makler gar nicht so richtig Ernst, da schon viele andere seiner Kollegen, diese Äußerung mitteilten. Und prompt rief er nach einer Woche an, um eine etwas ältere Frau zur Besichtigung des Hauses, anzukündigen. Diese sehr sympathische unauffällige Frau, ging durch unser Haus und sagte mit leiser Stimme zu dem Makler: VOU FESCHA, hieß soviel wie, dieses Haus kaufe ich (wörtlich: wollen es festmachen). Wir setzten noch am selben Tag einen Vorvertrag auf – auch hinterlegte sie gleich 2.000,00 Reais als Kaufsicherheit. Wir vereinbarten mit der Käuferin, dass wir das Haus spätestens am 24.12.2007 übergeben würden. Somit blieb uns noch genug Zeit, alle Vorbereitungen zu organisieren.

22. Wochenendausflug nach Belo Horizonte:

Da wir das Haus für den Preis verkauft hatten, den wir uns vorgestellt hatten, beschlossen wir die restliche Zeit in Brasilien, Urlaube zu unternehmen. Unsere erste Reise sollte nach Belo Horizonte gehen – endlich konnten wir unseren neuen Wagen auch mal für längere Strecken testen. Wir wollten in Belo Horizonte unsere Freunde, die damals ebenfalls in Guarapari gewohnt hatten, besuchen – jenes hatten wir uns damals fest vorgenommen. Eigentlich waren es nur zirka 550 km – diese Strecke war aber aufgrund der vielen Berge und Kurven, ein Horror für die Kinder. Maísa hatte sich dreimal übergeben müssen und Tiago einmal. Nach etwa neunstündiger Fahrt, kamen wir dann etwas "geschlaucht" dort an. Unsere Freunde hatten dort ein Haus im Stadtteil Pampulha gekauft – ich fand die Gegend dort zwar schön ruhig aber viel zu weit vom Zentrum entfernt – man fuhr mit dem Auto gut vierzig Minuten bis ins Zentrum von Belo Horizonte. Der einzige große See in der Stadt, war ziemlich verschmutzt und somit zum Baden nicht geeignet. Im Zentrum war meine Frau alleine mit ihrer Freundin, da mir das zu stressig war. Melissa berichtete mir aber ebenfalls, dass die Innenstadt nicht so toll war. Ich konnte nicht verstehen, warum mein Freund gerade diese Stadt für einen Umzug in Brasilien wählte – zumal er das Meer liebte – Guarapari war ihm zum Leben einfach zu klein und zu provinzial – laut seiner eigenen Aussage.

Der große See in Pumpulha (Belo Horizonte).

Privater Club in Pampulha (Belo Horizonte).

Mein Freund war bereits in Belo Horizonte in einen privaten Club eingetreten – dieser kostete für die ganze Familie 250,00 Reais im Monat. Es konnten dort etliche Sportarten kostenlos genutzt werden, wie zum Beispiel Tennis, Hallen-fußball, und so weiter. Ebenfalls waren drei verschiedene große Schwimmbecken vorhanden. In diesem Club waren mein Kumpel, die Kinder sowie ich, als die Frauen im Zent-rum Schoppen waren Dieser Tag war sehr schön und super für die Kinder, da die den ganzen Tag im Wasser verbrach-ten. Das Besuchswochenende in Belo Horizonte ging dann auch schnell vorüber, da wir viel unterwegs waren. Für die Rückfahrt fand Melissa dann ein sehr gutes Medikament gegen Übelkeit, für die Kinder – und tatsächlich, auf der Rückfahrt hat keines unserer Kinder spucken müssen. Nachdem wir dann wieder Zuhause in Guarapari ankamen, buchten wir im Reisebüro die Rückreise nach Deutschland – für die Tickets haben wir insgesamt 7.100,00 Reais be-zahlt – das Rückflugdatum war für den 28.01.2008 ausges-tellt. Nun begannen wir, unser Haus langsam aufzulösen sowie schon einmal Kartons zu packen – nach Deutsch-land. Das Szenarium begann somit wieder – aussortieren und entscheiden, was bleibt hier, was wird verkauft und was wird an Dingen mit nach Deutschland genommen.

23. Urlaub in Rio de Janeiro:
Bevor ich Brasilien verlassen wollte, stand definitiv die Be-sichtigung Rio de Janeiros auf meinem "Zettel". Wir buch-ten für nur 1.100,00 Reais eine viertägige Reise – der Flug sowie Hotel mit Frühstück direkt an der Copacabana waren inklusive. Auf dieser Reise haben wir uns beide sehr

gefreut – ich konnte unmöglich nach Deutschland wieder zurückkehren, ohne diese Traumstadt besucht zu haben.

Blick aus unserem Hotelzimmer an der Copacabana.

Wir hatten natürlich in Rio de Janeiro das volle Programm aller relevanten Besichtigungsobjekte auf unserer Liste. Vom Zuckerhut, Christo und Zentrum, haben wir an diesem verlängerten Wochenende, alles besichtigt. Auch waren wir einen halben Tag am Strand Copacabana zum Baden – wichtiger waren uns allerdings andere Sehenswürdigkeiten, da der Strand in Guarapari auch nicht schlechter war, als der in Rio de Janeiro – gut, die Leute an der

Copacabana waren zwar schicker und hatten bestimmt mehr Geld in der Tasche, als die Urlauber aus unserer Stadt. Das merkte man aber auch gleich an den hohen Preisen am Strand Copacabana – hier kostete die Água de Coco gleich locker das Doppelte, als in Guarapari – für ein Eis habe ich sage und schreibe 5,00 Reais bezahlt – soviel hatte ich bis zu diesem Zeitpunkt, noch nie in Brasilien für ein Eis "berappen" müssen.

Eine Musikgruppe vor dem Hotel Copacabana Palace.

Was uns in Rio de Janeiro sofort auffiel, dass an jeder Ecke Deutsch gesprochen wurde – gleich am ersten Abend lernten wir ein nettes älteres Ehepaar aus München kennen. Mit diesem Pärchen aßen wir gemeinsam eine Pizza und unterhielten uns den gesamten Abend sehr nett – auch war es für uns einmal wieder ganz angenehm, Deutsch zu sprechen.

Polizeiüberwachung an der Copacabana.

Eine schöne Innengestaltung einer Kirche in Rio.

Das Wetter war glücklicherweise super gut – lediglich der erste Tag war bewölkt – die restliche Zeit wurden wir mit Sonne verwöhnt. Natürlich machten wir auch Ausflüge zu den naheliegenden Stadtteilen, Leblom und Ipanema. Diese beiden recht "neuen" Stadtviertel sind viel schicker und sauberer, als die Copacabana – man merkt der Copacabana mittlerweile sehr stark an, dass in den letzten zehn Jahren nicht mehr allzu viel Geld für die Erhaltung der Gebäude sowie der Straßen, investiert wurde. Die vier Tage vergingen dann auch wie im Fluge – die Erinnerung an diese tolle Stadt, sollte aber lange in Gedanken bleiben. Ich hatte meinen Traum wahr gemacht – Rio de Janeiro wollte ich schon seit so langer Zeit sehen und ein wenig kennenlernen. Nachdem wir wieder Zuhause in Guarapari waren, wurde die Rückkehr nach Deutschland intensiver betrieben. Wir packten zirka nochmals zwanzig Kartons, um diese auf die Reise nach Deutschland zu schicken. Pro Karton kostete uns die Sache ungefähr 210,00 Reais – eine Menge Geld für brasilianische Einkommensverhältnisse. Wir sortierten immer noch aus – was sollte bleiben, was sollte wieder zurück nach Deutschland. Dieses Aussortieren war wieder einmal unheimlich schwierig – zumal wir es einundeinhalb Jahre zuvor, genauso gemacht hatten. Wir dachten vor dem Aussortieren, dass es einfacher werden würde, als vorab von Deutschland nach Brasilien – Trugschluss, es war mindestens genauso hart für uns. Auch versuchten wir unsere Elektrogeräte an Freunde und Nachbarn zu verschenken oder zu verkaufen, da wir diese in Deutschland nicht hätten nutzen können – in Brasilien wurden die Geräte alle mit 110 Volt angeschlossen - somit zum Mitnehmen unmöglich gewesen.

Kunst am Strand von Rio de Janeiro (Copacabana).

Typische moderne "Strandbar" an der Copacabana.

Dramatisch war dies aber nicht, da es sich hierbei nur um einen Fernseher, eine Waschmaschine, einem Mixer, einem Wasserfilter, einer Bohrmaschine sowie einen DVD – Player handelte. Da Melissa noch bis zum 20.12.2007 Unterricht in ihrer Schulklasse geben musste, konnten wir auch nicht vorher das Haus abgeben – wir hatten ja bereits mit der Käuferin vereinbart, dass wir das Haus spätestens an Weihnachten übergeben wollten.

24. Abschlussfeier in Melissas Schule:

Melissa hatte in der Schule noch eine Abschlussfeier mit zu organisieren – dieses Fest sollte am 08.12.2007 stattfinden – der Name dieses Festes lautete: FESTA CAFONA, inhaltlich übersetzt laut meiner Frau: Fest der hässlichen Sachen. Somit war voraussetzend, dass hauptsächlich die Lehrer, grauenhafte Klamotten tragen sollten – die Kinder natürlich ebenfalls. Und ich musste gestehen, meine Frau sowie ihre Kolleginnen waren nicht unbedingt attraktiv an diesem Nachmittag. Diese Feierlichkeit war einmal wieder von der Lockerheit der Brasilianer geprägt – es wurde viel gelacht, gut gegessen, viel geschnackt und ebenfalls gerne getrunken. Am Ende trugen die Schüler aus Melissas Schulklasse sogar noch ein deutsches Weihnachtslied vor. Obwohl die Kinder nicht alle Vokabeln aussprechen konnten, war das eine perfekte Vorstellung der Schulklasse – es gab zum Schluss einen riesigen Applaus von allen Gästen, den Lehrerinnen sowie den Schülerinnen. Nun merkten wir, dass der Abschied aus Brasilien doch immer näher rückte. Dieses Abschiedsfest war auch ein Abschied für Melissas Lieblingsaufgabe als Lehrerin in Brasilien – in Deutschland würde es nicht mehr möglich sein als Lehrerin zu arbeiten, da Melissa nicht die ausreichende Qualifikation hatte. Es wurden liebe Reden von den anderen Lehrerinnen für

Melissas Abschied vorgetragen. Nun stand Weihnachten
bereits vor der Tür – die Kinder sowie Melissa hatten am
20.12.2007 den letzten Schultag – wir hatten im Haus bereits alles gut vorbereitet für die Übergabe an die neue Ei-
gentümerin. Es war schon ein komisches Gefühl für uns
alle, dass wir nun wirklich die letzten Tage in dieser wirklich
schönen Wohnanlage verbringen würden – die Kinder hatten diese ganze Verkaufssache des Hauses sowie den
Umzug für die letzen Wochen nach Vitória zu Melissas
Mama, gar nicht so recht realisiert – war auch besser so.

25. Gemeinsamer Familienurlaub in Búzios:

Melissas Schwester aus Barcelona machte den Vorschlag,
dass sich die ganze Familie zusammentut und einen gemeinsamen Weihnachtsurlaub unternimmt – der Zielort
sollte Búzios bei Rio de Janeiro heißen – eines der belieb-
testen Reiseziele in Brasilien – zumindest sagten das einige Brasilianer zu uns. Diese Stadt Búzios lag wie eine kleine Insel direkt am Meer – die Unterbringungskosten sowie
Lebenshaltungskosten waren dort extrem hoch. Daher war
es auch vorrangiges Urlaubsziel für reiche Brasilianer oder
Touristen anderer Länder – Argentinier sollte es dort in Hül-
le und Fülle geben. Nun gut, Waleska hatte für uns alle –
immerhin zwölf Personen, ein super schönes großes Haus
mit Pool für sechs Tage gemietet – dieses Haus war zwar
schon recht alt, aber super gemütlich und hatte vor allem,
genügend Zimmer für die große Familie. Nachdem wir dann
unsere Hausübergabe sowie den Umzug nach Vitória erledigt hatten, holten wir den beantragten Reisepass für Maísa
ab – der war sogar schon fertig. Alle Dinge die wir nicht
nach Deutschland mitnehmen konnten oder wollten, haben
wir bei Melissas Mama in Vitória untergebracht – davon
konnte sie auch noch einiges gebrauchen. Melissas Mama

war bereits mit dem Bruder von Melissa nach Búzios gefahren, da wir aufgrund des Umzuges, später folgten. Die Fahrt nach Búzios war eigentlich mit maximal fünf Stunden angesetzt, da es nur ca. 450 km bis dort hin waren. Da aber aufgrund von Bauarbeiten die BR 101 (Autobahn) teilweise umgeleitet wurde, haben wir uns einmal so richtig verfahren und sind daher erst nach acht Stunden Fahrt dort angekommen – na ja, zumindest haben wir unterwegs eine Menge von der Landschaft gesehen. Am Abend dann warteten bereits alle Familienmitglieder auf uns – wir waren nämlich die letzten Ankömmlinge der Familie. Es war wirklich ein wunderschönes Haus mit Pool und einem Grundstück von ungefähr 1.600 m² Größe – super viel Auslauf somit für die Kinder. Da wir an dem Abend erst sehr spät ankamen, gingen wir auch relativ unzeitig ins Bett – wir waren doch sehr geschafft. Am nächsten Morgen fing es leider an zu regnen – sollte angeblich kurz vor Weihnachten, normal in Búzios sein – so sagte uns es zumindest der Hausmeister, der mit seiner Familie ebenfalls im anliegenden Anbauhaus wohnte. Die Frau des Hausmeisters, kochte während unseres Aufenthaltes für uns alle – auch machte sie das Haus für uns sauber – das war natürlich für uns ein Traum, da wir unsere Zeit nicht mit solch unschönen Dingen verschwenden wollten. In Brasilien war es auch Gang und Gebe, dass Urlauber nichts mit Haushalt und so in den Ferien zu tun hatten – die Extrakosten für diesen tollen Service waren extrem niedrig – kostete für die sechs Tage nur 500,00 Reais.

Am dritten Tag war das Wetter dann auch so Topp, dass wir an die wunderschönen Strände fahren konnten – und wenn ich sagte wunderschön, dann meinte ich das auch so. Ich war ja aufgrund meines Wohnortes quasi direkt am Strand, von Guarapari so ziemlich verwöhnt – aber diese Strände waren einfach außergewöhnlich idyllisch im Vergleich zu den Stränden in Rio de Janeiro oder wo ich sonst noch so war.

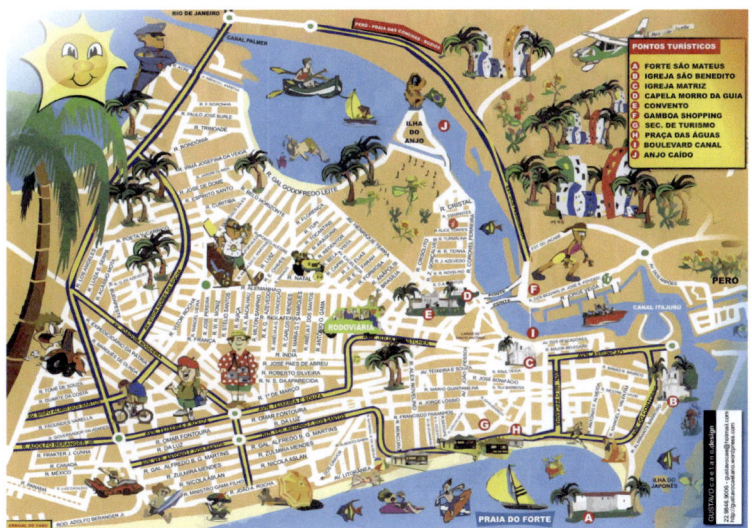

Stadtplan von Búzios.

Die Strände lagen alle in so kleinen Buchten – der Weg dort hin führte oftmals nur über einen schmalen Gang direkt an den Felsen entlang – ich fragte mich dann immer, wie die "armen" Strandverkäufer ihr ganzes Zeugs dahin schleppten – direkte Straßenanbindungen gab es dort nicht. Jetzt konnte ich auch nachvollziehen, warum Búzios so beliebt war – es war diese naturverbundene Schönheit der

Strände. Natürlich konnte man auch übliche große Strände aufsuchen – die waren aber voll belagert. Nicht das mir diese Strände nicht gefielen – nein, sie waren halt nur typische Touristenstrände – und die hatte ich nun wirklich oftmals selbst besucht. Abends waren wir dann auf der bekanten Straße Namens: RUA DAS PETRAS, was soviel hieß, wie Straße der Steine – es war eine Art großes Kopfsteinpflaster – aber irgendwie doch anders – wirkte so richtig antik und geschichtlich interessant. Diese Haupteinkaufsstraße direkt am Strand im Zentrum von Búzios, war von edlen Geschäften geprägt – ein schönes Geschäft, folgte dem nächsten schönen Laden – und abends wirkte jenes mit ideenreicher Beleuchtung noch intensiver. Als wir am nächsten Tag die selbe Straße durchliefen dachte ich, dass kann sie doch nicht sein – sie wirkte gestern Abend noch ganz anders. Diese Straße ging mir nicht mehr aus dem Kopf – einfach beeindruckend schön.

26. Weihnachten 2007 in Búzios:

Weihnachten stand jetzt kurz vor der Tür – aber ich musste mir selbst eingestehen, dass Weihnachtsstimmung bei solchen Temperaturen wieder nicht aufkam – die neununddreißig Jahre in Deutschland mit Kälte zu dieser Zeit, prägten doch mehr, als ich vorher dachte. Somit wurde diese geplante Weihnachtsfeier doch wieder mehr oder weniger, eine Party ohne weihnachtliche Stimmung.

Als Geschenkidee wurden vier Wochen zuvor Namen der Familienmitglieder gezogen – somit sollte jedes Mitglied für ein anderes Mitglied ein Geschenk kaufen. Der Clou an der Sache war natürlich, dass niemand wusste, wer wen gezogen hatte. Am Weihnachtsabend saßen wir gemeinsam im Garten des Hauses in Búzios und verteilten die Geschenke – nicht einfach so, sondern sollte der "Verschenker" die Person umschreiben, welche das Geschenk erhielt. Das war eine recht lustige Angelegenheit, da sich die meisten Familienmitglieder geirrt hatten und dachten, dass die Beschreibung zu ihnen passte – also alles im allen, ein lustiger Weihnachtsabend mit leckerem Essen – es wurde natürlich gegrillt. Auch wurde leckerer Rotwein sowie Bier getrunken – unser Lieblingskartenspiel, das brasilianische Canasta, wurde ebenfalls am Abend von den Erwachsenen gespielt – dieses Gesellschaftsspiel war in Brasilien super beliebt und fast schon Pflicht, es zu beherrschen. Leider ging unser Urlaub in Búzios dem Ende entgegen – diese sechs Tage über Weihnachten waren ja nicht nur irgendwelche Tage – nein, es war eine Art Abschiedurlaub aus Brasilien für uns von der Familie in Brasilien. Wir wussten zu diesem Zeitpunkt bereits, dass wir in den nächsten Jahren nicht mal eben mit vier Personen nach Brasilien fliegen würden, um dort einen schönen Urlaub zu machen – es stand ja der Neustart in Deutschland vor der Tür. In fünf Wochen sollte es schon losgehen – somit waren alle Familienmitglieder auch ein wenig traurig darüber, dass dieser Urlaub so im Fluge, verflog – aber die Erinnerungen an diesen Aufenthalt konnte uns keiner nehmen – und genau nach diesem Motto, nahmen wir von einander Abschied aus Búzios.

Rua das Petras (Straße der Steine) in Búzios.

Ein Restaurant am Strand von Búzios im Zentrum.

Als wir dann wieder in Vitória ankamen, kümmerten wir uns zunächst um den Verkauf unseres Autos – dieser Wagen war ja erst zehn Monate alt und hatte nur 5.000 km gelaufen – der war somit so gut wie neu. Da die Autos in Brasilien immer wieder verkratzt wurden, mussten wir noch die bereits vorhandenen Kratzer beim Lackier beseitigen lassen – wir wollten das Auto in einem ordentlichen Zustand verkaufen. Durch Glück oder auch Zufall, wollte der Bruder meines Schwagers den Wagen kaufen. Er besaß eine Firma und wollte das ökonomische Fahrzeug in seinem Fuhrpark aufnehmen. Aus Campos bei Rio de Janeiro kam dann ein Mitarbeiter seiner Firma per Bus, um den Wagen abzuholen. Das war ein nicht so schöner Moment, als unser geliebter kleiner Wagen abgeholt wurde – das war jetzt wirklich die letzte materielle Verbundenheit mit Brasilien, die wir verkauften. Melissa war umso mehr traurig, da sie mit diesem Wagen das Autofahren in Brasilien erlernt hatte. Für die letzten vier Wochen liehen wir uns bei einem Nachbar ein Fahrzeug für stolze 1.000 Reais – wir wollten einfach nicht das Risiko eines Unfalls oder eines Lackschadens kurz vor der Abreise, eingehen – daher war dieser kostenintensivere Weg der Sicherste. Die letzten zwei Wochen in Brasilien waren mit Stress verbunden, da wir immer noch Kartons füllten, die nach Deutschland geschickt werden sollten – mittlerweile hatten wir bereits zweiunddreißig Stück gepackt sowie verschlossen – die Pakete mussten nämlich mit Paketband quasi wasserdicht und wurffest verschlossen werden – unsere Erfahrung hatte gezeigt, dass mit den Paketen nicht gerade sorgsam beim Transport umgegangen wurde – wären diese nicht so gut "umklebt" und

Eine schöne Strandbucht von Búzios.

Der "Hafen" von Búzios.

verpackt gewesen, hätten wir die Hälfte an Umzugsgut in Deutschland gleich wegwerfen können. Unser Freund Marc aus Bremen, hatte die Kartons ja freundlicher Weise für uns entgegen genommen – und bei so einigen Kartons, wären doch einige Blessuren zu beanstanden gewesen. Somit mein Tipp für den Paket-Versand von Deutschland nach Brasilien oder umgekehrt, bloß keine Glasgegenstände verschicken – es sei denn, sie wurden extrem gut in Schaumstoff oder so, eingewickelt. Nach einer Woche Besuchszeit bei meiner Schwiegermama wurde uns dann doch ein wenig langweilig – es war halt nicht mehr das eigene Zuhause in Brasilien – und da Melissas Mama keinen Garten, sondern nur einen Hof mit einem dort wohnenden großen Hund besaß, fehlte den Kindern die Freiheit eines Gartens – jeden Tag im Haus, war dann auch nicht mehr so spannend für die Kinder.

27. Letzter Urlaub in Guarapari:

Somit planten wir kurzerhand, noch ein paar Abschiedsurlaubstage in Guarapari zu machen – wir buchten direkt in der City ein günstiges Appartement mit eingeschränktem Blick auf das Meer. In dieser Woche besuchten wir nochmals ausgiebig alle Freunde und Bekannten in Guarapari, da es definitiv der letzte Aufenthalt in dieser Stadt, für lange Zeit sein sollte. Nach Rückkehr aus dem Urlaub, brach unsere letzte Woche in Brasilien an – diese Restzeit wollte irgendwie gar nicht vergehen, da man schon mit den Gedanken in Deutschland war.

28. Abflugtag in Brasilien:

Der Tag X kam dann aber doch überraschender, als gedacht. Wir fuhren mit zwei Autos zum Flughafen, um unsere ganzen Koffer mitzubekommen – der Abschied war dann doch recht emotional, da es eine Trennung für längere Zeit bedeutete. Aber irgendwie waren wir auch froh, dass der ganze Stress des Rücksiedelns vorbei war. Nun saßen wir alle im Flugzeug und waren auf dem Weg nach Bremen – der Flug war wie immer, super anstrengend – ungefähr einen Tag kostete uns der Transfer von Brasilien nach Deutschland.

29. Anfang in Deutschland:

Als wir dann in Bremen auf dem Flughafen ankamen, waren einige der Lieben da, die uns begrüßten – das war schon ein tolles Gefühl für uns. Da es mitten im Winter war und sich in unserem gemieteten Haus noch kein einziges Möbelstück befand, blieben wir die ersten Tage bei Freunden. Die Familie hat uns liebevoll umsorgt und uns bei einigen Erstbeschaffungen sehr geholfen – diese Unterstützung würden wir nie vergessen. Amüsant war dann noch, dass wir am Dienstag gelandet sind und ich bereits am Freitag meinen ersten Arbeitstag begonnen hatte. Die Kollegen waren sehr hilfreich in den ersten Tagen meines Neubeginns. Da ich meinen "alten" Job wieder aufnahm, kam die Routine recht schnell zum Einsatz. Außer, dass wir von der vierten in die siebte Etage wechselten, hatte sich eigentlich nichts Großartiges verändert. Bei uns Zuhause hingegen änderte sich täglich etwas – neue Aufgaben bestimmten unseren Alltag doch sehr. Das Aufbauen von Möbeln, war ebenfalls eine Hauptaufgabe für mich – ich konnte irgendwann keine Aufbauanleitungen mehr sehen. Die Kinder sowie Melisssa, haben sich super schnell wieder eingelebt. Da wir kein Auto hatten, schauten wir uns nach einem günstigen gebrauchten Wagen um – und wir hatten wirklich Glück gehabt, da wir übers Internet einen VW-Polo, Baujahr 1991 fanden. Dieser wurde von einem Händler hier "um die Ecke" verkauft – obwohl der Wagen bereits 184.000 km gelaufen hatte, war er optisch sehr gepflegt. Auch war der TÜV neu. Somit erwarben wir diesen Polo für 1.400,00 Euro. Maísa ging in die naheliegende Schule und Tiago in den etwas weiter entfernten Kindergarten. Nachdem ich dann zwei Monate wieder in meinem Job war, kehrte die doch so sehr gehasste Routine meines Jobs, wieder zurück – ich merkte recht bald, dass ich diese Arbeit nicht bis zu meinem 65 .ten Lebensjahr machen wollte.

30. Neuer Job in Deutschland:

Somit erinnerte ich mich an meine Initiativbewerbung an eine Anlagen- und Pipelinefirma aus Norddeutschland – diese Firma bat um Kontaktaufnahme meinerseits, sobald ich wieder in Deutschland sein sollte. Eigentlich wollte ich mich noch ein wenig länger eingewöhnen, bevor ich wieder neue berufliche Wege einschlagen wollte – aber auch Melissa merkte, dass ich in der Baubehörde nicht mehr so glücklich werden würde – es war einfach alles so beschränkt in meinem Aufgabenbereich. In Brasilien fand ich das Verlegen von Pipelines super interessant – es war halt nur das falsche Land für mich. Somit nahm ich Kontakt mit der Firma auf, um mich nochmals in Erinnerung zu bringen. Und siehe da, es dauerte keinen Tag, bis ich eine Antwort sowie eine persönliche Einladung zu einem Gespräch mit einem der Firmenchefs, bekam.

Unser neues Zuhause in Bremen - Arsten.

"Unsere" Straße in Bremen im Schneesturm.

Nun bahnten sich erneut Veränderungen in unserem Leben an. Ich fuhr dann zu diesem Erstgespräch, um mich vorzustellen sowie einen Eindruck von dieser Firma zu erhalten. Nach fast dreistündigem nettem Gespräch mit dem Chef war ich mir sicher, dass ich dort meinen Weg finden würde. Diese Firma bot mir an, als Bauleiter sowie später als Projektleiter zu arbeiten. Ich bot dem Chef eine zweiwöchige unendgeldliche Probearbeit an – der war von dieser Idee sichtlich beeindruckt und stimmte sofort meinem Vorschlag zu. Gesagt und getan, arbeitete ich zwei Wochen für ein großes Projekt im Bereich Gasanlagenbau in Süddeutschland – nach Ablauf dieses Probearbeitens rief mich der Chef an und teilte mir mit, dass alle Personen, die mit mir arbeiteten, positiv berichtet hätten. Seitens der Firma, würde einer Einstellung nichts mehr im Wege stehen – die Formalitäten sollte ich dann mit der Personalabteilung abstimmen. Ich war so Happy, dass ich diesen Job bekommen hatte, dass ich nun definitiv wusste, dass der Aufenthalt in Brasilien keineswegs umsonst war. Ohne meine Erfahrungssammlung im Bereich Pipelinebau, hätte ich diesen Job niemals bekommen. Als ich diese Botschaft im Büro mitteilte, fielen natürlich alle aus den Wolken – es kamen verständlicherweise endlose Fragen meiner Kollegen auf mich zu. Nachdem ich den neuen Arbeitsvertrag unterschrieb, sollte der erste Arbeitstag am 01.10.2008 beginnen.

Und wer weiß, wo unsere Reise noch so hingeht?!

Bremen im September 2008

Der Autor

Gerd Rettig

31. Allgemeine Informationen über Guarapari:

Guarapari ist eine brasilianische Küstenstadt im Bundes-staat Espírito Santo mit rund 100.000 Einwohnern auf einer Fläche von 592 km². Guarapari liegt etwa 50 Kilometer süd-lich von Vitória, der Hauptstadt des Bundesstaates. Von Rio de Janeiro ist sie rund 500 Kilometer entfernt. Seit dem Bau einer Kapelle zu Ehren von Santa Ana durch jesuitische Missionare um José de Anchieta im Jahr 1585 existiert dort die Ansiedlung Aldeia de Santa Maria de Guaraparim. Gua-rapari wurde 1679 zum Ort, 1891 zur Stadt, in den 1930er Jahren begann der Tourismus. In den 1990er Jahren hat die Stadt sich durch den Tourismus sehr verändert, Hoch-häuser bestimmen heute das Bild. Außergewöhnlich ist die hohe natürliche Radioaktivität der Strände, die zu der höch-sten natürlichen Strahlung weltweit zählt. Sie wird durch den thoriumhaltigen schwarzen Sand verursacht. Die Ener-gieäquivalentdosis beträgt im Mittel 87mSv pro Jahr, wobei an einigen Stränden auch ein Vielfaches dieses Wertes gemessen wurde. Trotz oder vielmehr wegen dieser hohen Strahlenbelastung trägt die Stadt den Beinamen "cidade saude", übersetzt: Stadt der Gesundheit. Dem Aufenthalt an den radioaktiven Stränden wird eine heilende Wirkung nachgesagt. Im Stadtbezirk befindet sich das Naturreservat Setiba, welches für die lokale Schildkröten- und Vogelpopu-lation wichtig ist. Guarapari ist auch als Reiseziel für Tau-cher bekannt. In der Umgebung liegen die Badeorte Ubu, Castelhanos, Anchieta, Iriri, Marataízes und Meaípe.

32. Hier noch ein paar Vokabeln zum Lernen:

Die Familie - a família

o homem - der Mann
a mulher - die Frau
o casal - das Ehepaar
a criança - das Kind
o pais - die Eltern
o pai - der Vater
a mãe - die Mutter
o filho - der Sohn
a filha - die Tochter
o avô - der Großvater
a avó - die Großmutter
o irmão - der Bruder
a irmã - die Schwester

Der Körper - o Corpo

o corpo - der Körper
a cabeça - der Kopf
o cabelo / o penteado - das Haar / die Frisur
a testa - die Stirn
a sobrancelha - die Augenbraue
o olho - das Auge
a orelha - das Ohr
a nariz - die Nase
a face - die Wange
a língua - die Zunge
o dente - der Zahn
o pescoço - der Hals
o braço - der Arm
a mão - die Hand
o dedo / os dedos da mão - der Finger / die Finger
a barriga - der Bauch
o umbigo - der (Bauch-) Nabel
a perna - das Bein
o pé - der Fuß
o coracão - das Herz

Essen und Trinken - Comer e beber

o jantar (a janta - umgangssprachlich)
(jantar) - das Abendessen
 (almoçar) - das Mittagessen
a café de manhã - das Frühstück
a mesa - der Tisch
a manteiga - die Butter
o queijo - der Käse
a salsicha - die Wurst
o presunto - der Schinken
a marmelada - die Marmelade
o mel - der Honig
a açúcar - der Zucker
o sal - das Salz
o pão - das Brot
a torrada - das Toast
o iogurte der Joghurt

As bebidas (a bebida) - die Getränke (das Getränk)

o café - der Kaffee
o chá - der Tee
o chocolate - der Kakao
o leite - die Milch
o milkshake - der Milchshake
o suco de laranja - der Orangensaft
a água - das Wasser
a água natural - das natürliche (stille) Wasser
a água gelada - eiskaltes Wasser (das eiskalte Wasser)
o vinho - der Wein
o vinho branco / tinto - der Weißwein / der Rotwein
a cerveja - das Bier
frio - kalt
quente - heiß
morno - lauwarm
amargo - bitter
azedo - sauer
doce - süß
o garfo - die Gabel
a faca - das Messer
a colher - der Löffel
o prato - der Teller
o copo - das Glas
a xícara - die Tasse
a caneca - der Becher

Os doces - die Süßigkeiten

a bala - das Bonbon
o sorvete - das Eis
o biscoito - der Keks
o bolo - der Kuchen
o chocolate - die Schokolade
o sal - das Salz
a pimenta - der Pfeffer
o vinagre - der Essig
o azeite - das Olivenöl
o azeitona - die Olive
o limão - die Limette
a batata - die Kartoffel
as batatas fritas - die Pommes Frites (plural)
a carne - das Fleisch
o molho - die Soße

As frutas - das Obst

a maçã - der Apfel
o abacaxi - die Ananas
a banana - die Banane
a pera - die Birne
a laranja - die Orange
a uva - die Traube
a ameixa - die Zwetschge
a ameixa - die Pflaume
a manga - die Mango

Os legumes - das Gemüse

o tomate - die Tomate
o pepino - die Gurke
a cebola - die Zwiebel
o pimentão - die Paprika
o salsão - die Sellerie

Früchte aus Brasilien

Abacaxi, ananás - Ananas
Abricó-do-Pará - Amerikanischer Mammeiapfel
Açai, cerejeira - Assaipalme
Acaiba, cajá - mirim Gelbe Mombinpflaume
Acerola, cerejeira - Barbadoskirsche, Azerola
Araça-boi Arazá, - Arazá-Beeren
Araça da praia - Erdbeer Guave, Rote Guave
Aracá pera - Para-Guave
Batata doce - Süßkartoffel
Goiaba Gemaine Guave - Guave
Ingá-cipó - Affenschwanz-Inga
Jatobá Courbaril - Antillen-Johannisbrot
Jumbeba - Kaktusfeige
Mamão Papaya - Baummelone
Mandacaru, mandacaru-de-boi - Felsenkaktus
Mandioca - Maniok
Maracuja - gelbe Passionsfrucht
Maracujá limão - Riesen-Granadilla
Palmito Palmenherzen - Palmenkohl
Pimenta - Chili
Pitanga – Surinamkirsche

Allgemein:

guten Tag - bom dia
guten Abend - boa noite
auf Wiedersehen - até logo
wie heißt du? - como você se chama?
ich heiße ... - me chamo ...
woher kommst du? - de onde você vem?
ich komme aus Deutschland - eu venho da Alemanha
sprichst du Deutsch? - você fala alemão?
nur ein bisschen - só um pouquinho
ich verstehe kein Wort - não entendo nenhuma palavra
wie alt bist du? - quantos anos você tem?
ich bin ... Jahre alt - eu tenho ... anos
wie geht es dir? - como você está?
gefällt es dir in Brasilien? - você está gostando do Brasil?
mir gefällt es gut in Brasilien - estou gostando muito do
Brasil
was kostet das? - quanto custo isto?
ich habe eine Frage - eu tenho uma pergunta
was willst du wissen? - o que você quer saber?
du hast Recht - você tem em razão
danke - obrigado
bitte - por favor
was gibt es Neues?
was bedeutet das? - o que isto quer dizer?
es ist heiß! - está quente!
gut - bom
schlecht - mau, ruím
ja - sim
nein - não

Zahlen :

eins - um, uma
zwei - dois, duas
drei - três
vier - quatro
fünf - cinco
sechs - seis
sieben - sete
acht - oito
neun - nove
zehn - dez

Und so wird's ausgesprochen:

c = k
ch = sch
ão = ang wie im Wort "Gesang"
Brasil = Brasiu ("il" am Ende eines Wortes wird in der Regel
als "iu" ausgesprochen)
nh = nj ("Alemanha" = Alemanja)
z = stimmhaftes s wie in Sonne
m = mg (am Ende eines Wortes, stark nasal
ausgesprochen: "bom" = bomg")